JN098253

初めて学ぶ
ミクロ経済学

柴田 舞 著

Microeconomics

新世社

はしがき

　本書はミクロ経済学を初めて学習する大学生向けの教科書です。読者の多くは1年生と思われます。大学での勉強の初歩として，本書の基礎的な内容を理解し，さらに先の勉強へ進んでいくことを想定しています。

　本書は次の2点に基づいて作成しました。1点目は大学で初めて経済学を学ぶ学生の皆さんにとって理解しやすい内容や構成にすること，2点目は学生の皆さんご自身が問題を解きながら理解を深めることです。

　1点目は，現在までの十年余りにわたり，私が授業を担当してきた中で経験したことを反映しています。私が担当してきたのは，高千穂大学商学部・経営学部・人間科学部の学部基礎科目「経済学（ミクロ基礎）」と，立教大学経営学部「経済学入門」です。いずれも経済学部では，ありません。商学や経営学へ応用するための基礎を学ぶ科目です。このため，本書は基礎をじっくりと勉強する内容にしました。

　本書は各章のはじめに，専門用語をまとめて記載し，本文の中に，専門用語の説明を適宜，入れています。経済学は専門用語が多いことが，初学者にとって難しい点ですが，今後の勉強や研究のためには，専門用語の理解はとても重要と考えています。

　2点目は，問題演習をたくさん入れることです。学生の皆さんが，問題をたくさん解くことにより，今後の勉強や研究に役立つようにしたいと思い，作成しました。各項目（本文では■で示しています）の後に1問が配置されています。項目の内容を読み，それに関連する問題を解くことで，理解を深めていただきたいです。また，章末問題を，まとめの問題として取り組んでください。

　本書は 13 章で構成されています。授業 1 回につき 1 章のペースで進みますと，半期の授業で学習が終わります。章によって分量の違いがありますので，進度は目安程度にお考えください。

　本書で勉強する範囲は，ミクロ経済学の基礎的かつ中心的な内容です。初学者向けであることはもちろんですが，履修者の専攻分野によっては，経済学を勉強する機会が，この教科書を使用する授業だけである可能性もあります。そこで，一通りの内容を網羅できるように，本書を作成しました。

　私が「経済学入門」を初めて担当したのは 2009 年です。大学教員になりたてで，経済学の授業を受け持つとは，当時は思ってもいませんでした。そんな私へ，立教大学経営学部白石典義学部長（当時）がおっしゃったのは，学生と近い立場にいるのだから，学生が理解しにくいことや，躓きやすい点が分かるでしょう，それを教えればよい，という趣旨のことでした。この言葉に，勇気づけられたことは，今でもはっきりと覚えています。白石先生はじめ，お世話になりました先生方へ，感謝いたします。

　最後になりましたが，本書を作成するにあたり，新世社の御園生晴彦，菅野翔太の両氏には大変にお世話になりました。この場をお借りしてお礼を申し上げます。新世社の教科書を，私自身が学生時代に教科書として使用していました。お世話になった先生方が書かれた本を，今でも持っています。同じ新世社から自分の著作が出版されるのは，この上なく感慨深いです。

　2022 年 8 月

柴田　舞

目 次

第1章 経済学概要

本章では，経済学初学者が，経済学とはどのような分野であるのかを理解できるように，経済学の基礎的な概念を紹介します。

キーワード　ミクロ経済学，　経済主体，　家計，　企業，　政府，　マクロ経済学，
財・サービス，　完全競争市場，　プライステイカー，　財の同質性，　一物一価の法
則，　希少性，　経済モデル

1.1　経済学 ⋯⋯⋯⋯⋯⋯⋯⋯⋯⋯⋯⋯⋯⋯⋯⋯⋯⋯⋯

■ 経済学で学ぶこと

　本書では，様々な経済現象の仕組みを解き明かすための，経済学の基礎を勉強します。現実に起きている一つひとつの出来事を追うのではなく，そこに共通している仕組みを理解します。そのために，需要と供給，そしてそれらが一致するように価格が調整する市場の仕組みを見ていきます。

　「経済」という言葉は，現代社会では，取引やビジネスの世界を表す言葉として定着しています。例えば，経済ニュースというと，企業活動，金融，失業，ときには政治と関連する問題が取り扱われます。では，経済学は時事問題を解釈する学問なのかと言うと，そうではありません。もちろん時事問題の解釈も大事です。しかし，それらの問題を前提知識がなく扱うのは，難しいものです。

　1つの出来事は，歴史の中で一回限りのことです。その時の経済状況だけではなく政治や社会的背景などが複雑に絡み合っています。しかし，問題をほぐしていくと，経済の問題として共通する点があります。例えば供給が不

足すると，他の条件が一定であれば，価格が上昇するという具合に，根本的な問題にたどり着きます。このような，いわば経済の骨組みを理解することが，経済学を勉強する目的の一つです。

　経済学の知識は様々な場面で応用できます。一つは大学の勉強と研究です。この教科書を利用する読者の多くは大学1年生でしょう。大学で専門分野の勉強・研究へ進むと，学年が上がるにつれて次第に狭く深い学問領域へと入っていくでしょう。その中で，基礎となる科目で学んだ知識を応用する場面は，いくらでもあるはずです。

　また，社会人になってから応用する場面もあるでしょう。経済学は私たちの暮らしの仕組みを解き明かします。そもそも経済に関わらずに暮らすことは，まずないでしょう。仕事も生活も，一層深く理解することが可能になるでしょう。

■ ミクロ経済学とマクロ経済学

　本書はミクロ経済学の初学者向け教科書です。ミクロ経済学とはどのような分野なのかを理解するために，ミクロ経済学とマクロ経済学を比較してみましょう。

　ミクロは英語の Micro で，小さいことを表す言葉です。ミクロ経済学では，経済の様子を家計等の単位で見ていきます。すなわち，家計や企業そして政府といった経済主体の経済活動や，1種類のモノが売買される市場の仕組みなどを扱います。

　経済において個人の最小単位である家計は，食料をはじめ様々な財を購入する一方，主に働くことで収入を得ています。

　企業に代表される生産者は，モノを生産し販売することで対価を得ています[1]。ただし，そのためには原材料を購入し，労働力の雇い入れ等を行い，それに対する支払いをしています。企業は意思決定を行う1つの組織ですの

---

[1]　なお，生産者は必ずしも企業とは限りません。個人の生産者もいますが，多くの場合に当てはまるので企業としておきます。

で，1つの単位としてミクロ経済学の分析対象です。

　政府も経済主体の一つです。中央政府に限らず都道府県や市区町村も含みます。1つの組織として意思決定をし，経済活動をします。例えば，税金を集めて，道路や公園を整備しています。道路や公園は公共財と呼ばれますが，これらを政府が生産することには，経済学的理由があります。そのこともミクロ経済学の学習範囲です。

　ところで，経済活動を科学的に明らかにすることは，特定の個人や特定の企業あるいは政府の行動分析とは異なります。そこで，経済学の中では合理的に行動する経済主体を想定し，理論を構築する上で一般化して説明します。

　一方のマクロは英語では Macro で，大きいことを表す言葉です。マクロ経済学は，一国（あるいは EU：欧州連合のような1つの経済圏）の中で，家計や企業や政府の行動が影響し合った，経済全体を分析します。例えば，国内総生産（GDP：Gross Domestic Product）や失業率などの経済指標を分析して経済の様子を把握するのは，主にマクロ経済学の分析範囲です。

問題1　ミクロ経済学で勉強する内容を選択肢から全て選びなさい。
　(1)　市場の仕組み
　(2)　消費者物価指数
　(3)　GDP

1.2　基礎的概念 ··

■ 財・サービス

　市場では様々なモノが取引されています。私たちが消費者として購入するモノには，ハンバーガーや洋服など，たくさんあります。また，テーマパークで遊ぶことも，大学で教育を受けることも，どちらも対価を支払って購入しています。企業間で取引されるモノもあります。ビルを建設する企業は，鉄骨やコンクリートなどを購入します。さらに，労働力に対して対価を支払っ

ています。

　経済で取引されるモノは，専門用語で財・サービスといいます。ハンバーガーや洋服のように，形があり取引されるモノは財，テーマパークで遊ぶことや教育を受けることのように，形がなく取引されるモノはサービスと言います。これらをまとめて財・サービス，あるいは単に財と呼びます。

問題2　次の中からサービスを全て選びなさい。
- （1）　パン
- （2）　鉄道輸送
- （3）　大学の講義
- （4）　ノート

■ 完全競争市場

　ミクロ経済学では，取引が行われる場である市場の仕組みを需要と供給，そして価格メカニズムを中心に分析します。この分析では，1つの市場に注目します。教科書の説明では具体的な財を想定することもありますが，それは説明のために用いているにすぎず，あらゆる財に共通する需要と供給そして価格メカニズムを解き明かそうとしています。

　本書はまず完全競争市場における需要と供給の分析を行います。その後に，市場の失敗について学びます。

　完全競争市場では次の条件が成立していると考えます。まず供給者も需要者も数多く市場に存在しています。また，そこで扱う財は同質です。さらに，財に関する情報は，売り手も買い手も十分に入手できるとします。なお，長期的には市場への参入退出が自由にできると考えます。このような市場では，需要者も供給者も価格を思いのままに決める力は持ち合わせていません。プライステイカーと言います。

　財の同質性について，説明を加えておきましょう。経済学で，ある一つの財・サービスに注目するとき，その財・サービスは同質であることが仮定さ

れます。例えばダイコンの需要と供給を考えるとき，同質であること，すなわち重さや味等に違いがないことが仮定されます。

あくまで理論上の仮定ですから現実世界とは異なります。しかしダイコンなどの野菜は，あるスーパーでも，別のあるスーパーでも，ほぼ同じ質のものが売られています。同質の財の例として扱うことに違和感はないでしょう。もちろん，例外はいくらでもありますが。

単純に同じ品であれば同質と考えるのではありません。例えばTシャツという具合に大まかにまとめてしまうと，その中には安くて日常的に使えるTシャツもあれば，高品質なTシャツもあるでしょう。それらは質が違うと認識できます。これらの価格が異なるのは当然です。

問題3　次の中から同質の財と考えることが可能な財・サービスを選びなさい。
　(1)　ガソリン
　(2)　自動車
　(3)　シャツ

■ 一物一価の法則

同質である1つの財の市場では，同一時点では1つの価格がつくとする考え方を，一物一価の法則と言います。

もしもこの法則が成り立たなくて，同時に1つの財に2つの異なる価格がついていたら，おかしなことになります。仮に，同質である財が，あるところでは100円，別のところでは120円で売られていると考えてみましょう。わざわざ高い方で購入する人はいなくなるでしょうから，その価格は維持されないでしょう。その結果，価格差は縮小していき，同じ価格になると考えられます。経済理論の中では，一物一価の法則が成立していると考えます。

なお，時間が経過すれば，同じ財であっても需要と供給のバランスが変わり，価格が変わることがあります。また，現実の社会で，ある程度の価格差が生じるのは，仕方がありません。

■ 希少性

　人々が市場で財を取引し，対価を支払う仕組みは，世界の各所で古くから自然発生的に行われてきたことです。そもそもなぜ取引をするのでしょうか。理由の1つは資源には限りがあるからです。希少性と言います。

　資源の希少性は，経済の取引で重要な概念です。反対に，もしもありふれたものであれば，わざわざ取引を行いません。有名な例ですが，ダイヤモンドなどの宝石は（それが美しいことはもちろんですが）希少性があるからこそ取引が行われ，価格がつくのです。

　希少性と取引の例として，昆虫の取引に関する話があります。カブトムシはかつて，身近にたくさんいて無料で入手できたため，わざわざ取引されることはなかったけれども，時代の変化によって身近では希少になったために現代ではデパート等で売買されている，とする指摘です（金谷・吉田，2016，46頁[2]）。この例における「昔」のカブトムシは無料でたくさん入手でき，経済で取引が行われない自由財です。「現代」では売買が成立するのであれば，もはや自由財ではありません。この例のように，希少性は，経済取引の基本となる重要な概念です。もちろん，単に希少なだけではなく，需要と供給があるからこそ取引が成立することは，言うまでもありません。

問題4　**自由財の例として身近にある財について考えをまとめなさい。**

■ 機会費用

　機会費用（Opportunity Cost）とは，行わなかった，あるいは選択しなかったために得られなかった利益を表す専門用語です。

　機会費用の例としてしばしば使われるのは，進学と就職の例です。高校生のAさんは，進学するか就職するかの選択をしなければならないとしましょう。就職すれば収入を得ることができます。一方，進学すると，それが大学であれば4年間は収入がありません。アルバイトをしたとしても，就職に比

---

[2]　金谷貞男・吉田真理子（2008）『グラフィックミクロ経済学　第2版』，新世社。

べると低い収入です。さらに，進学すると学費などの費用が発生します。A
さんが進学を選択したのであれば，「もしも就職していたら得られた収入」
が機会費用です。

　この例に限らず，何かを選択すると，別の何かを選択しないことにつなが
ります。選択しなかったために得られなかった収益のことを，機会費用と言
います。

問題5　大学へ進学すると，就職しなかったことによる**機会費用**が発生する。一方で，
進学によって勉強・研究をすることが可能になる。また，生涯で得られる収入は高卒
と大卒で差があると指摘される。これらを考慮して，**選択することと機会費用**につい
て考えをまとめなさい。

■ 短期と長期

　本書は短期分析を扱います。長期分析は上級の授業で勉強してください。
ところで，短期と長期の差は何でしょうか。経済学の中では，短期は様々な
状況が一定と考えて差し支えない程度の短い時間の長さです。あるいは，時
間の流れを考慮に入れないで分析する，と言えるでしょう。一方の長期は
様々な状況が変化する期間です。時間の流れがあり，それに沿って状況が変
わります。具体的に何年以上であれば長期などの設定はありません。

■ 経済モデル

　経済学では，複雑な経済の仕組みを，注目すべき変数の関係を数式で表し
た経済モデルを使って分析します。例えば需要関数として価格と需要量の関
係を数式で表します。また，それをグラフに描いて分析します。このとき，
価格と需要量という注目すべき変数を明確にしたモデルで説明します。

　経済学の考え方を，数式という言語で表しているのです。言葉で理解でき
ることを数式で表現する，あるいは逆に数式で表現されたことを言葉で理解
することは，根本的には同じことでしょう。ただ，数式やグラフを用いると，
誰に対しても明確に伝えることができるというメリットがあります。

本書は入門レベルですので数学は必要最小限にとどめていますが，それでも全く使わないわけにはいきません。数式とグラフを使って解釈します。

問題6　経済モデルの説明として妥当な文を，選択肢の中から1つ選びなさい。
- （1）　経済変数の関係を数式で表したもの
- （2）　経済の理想的な状況を具体化したもの
- （3）　経済の複雑な状況を言葉で再現したもの

章末問題

1.　ミクロ経済学で学ぶ内容を，選択肢から全て選びなさい。
   (1) 市場の仕組み
   (2) 独占企業の行動
   (3) 企業の費用構造

2.　経済で取引される財・サービスの説明に当てはまらない文を選択肢から1つ選びなさい。
   (1) 財・サービスの取引には対価が支払われる。
   (2) 財・サービスのうち財は形があり経済で取引されるモノを指す。
   (3) 財・サービスのうちサービスは有形と無形の財の両方を含む。

3.　財の同質性の仮定について自分の言葉で説明しなさい。

4.　一物一価の法則の説明として誤りがある文を選択肢から1つ選びなさい。
   (1) 一物一価の法則によると，需要や供給が変化しても価格は変わらない。
   (2) 経済理論では一物一価の法則が成立する状況を考える。
   (3) 1つの財には1つの価格がつくとする考え方である。

補論　数学に関する補論

　経済学の勉強には数学を使います。ただし，本書では，できる限り簡単な範囲に限定しました。この補論は，1 次関数を中心に，数学を経済学へ応用する方法を，需要関数と需要曲線を例として説明します。

　需要曲線は，ある財について，価格とそれに対する需要量を図示した曲線です。これは需要関数を図示したものです。需要量はその財の価格だけではなく，所得，そして他の財の価格の関数ですが，需要曲線はそのうち，その財の価格に対する需要量を示します。

　需要曲線はその形状を特定することなく曲線として描かれることが多いです。しかし計算問題等では 1 次関数で表すことが多くあります。そこで，ここでは需要関数を 1 次関数と仮定して説明します。

　例を使います。A さんは，カップ入りアイスクリームが 1 個あたり 500 円であれば，1 週間に 1 個を需要する，400 円であれば 2 個を需要する，という具合に，価格に対する需要量を決めるとします。この A さんの需要関数を

$$D = -\frac{1}{100} P + 6 \tag{1}$$

で表しましょう。ただし P は価格（Price），D は需要（Demand）です。経済学の教科書では，このように英語の頭文字で表します。(1) 式は，表 1-1 にまとめた価格と需要量の関係を表しています。例えば $P = 500$ で $D = 1$ のときなど，いくつかの数値を入れて確認してください。

　需要は価格の関数である，と表現されます。私たち消費者の行動を振り返ると，価格は市場で決まっていて，自分たちは価格を変える力は持ち合わせず，価格の情報を受け取っているにすぎません。一方，需要量は自分自身で決めることができます。例えば，今日は安いからたくさん買おう，というこ

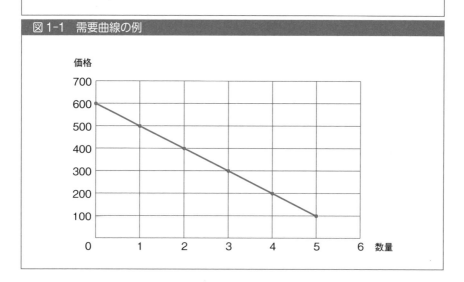

表 1-1　価格と需要量の関係

価　格	600	500	400	300	200	100
需要量	0	1	2	3	4	5

図 1-1　需要曲線の例

とです。この行動が関数で表されるのです。このため，（1）式のように D = …として，需要を左辺に，価格を右辺にします。

　図 1-1 には，価格と，それに対応する需要量が描かれています。ところで，図 1-1 にある通り，需要曲線は，縦軸は価格，横軸は数量として表されます。1 次関数を思い出すと，$y = ax + b$ の関係のとき，y はグラフで縦軸，x はグラフで横軸に描かれていました。需要関数はそれとは異なり，左辺にある D はグラフで横軸，右辺にある P はグラフで縦軸です。そこで，あえてグラフに合わせてみるのであれば，（1）式を P = …に直します。すなわち，

$$P = -100D + 600$$

です。この式の傾きである - 100 は，図 1-1 の傾きと一致しています。切片の 600 もグラフの切片と一致しています。

　説明のために1次関数を使用しましたが，一般的には1次関数に限定はしません。需要関数は，複雑な関数形である可能性を持ちつつ，特定せずに議論を進めることもあります。

　教科書の図には，必ずしも数値が入っているとは限りません。説明のために数値を入れることがあっても，むしろ一般的には数値を入れずに，曲線の形状を表すことが多いです。すなわち，右下がりであるとか，傾きが急であるとか緩やかであるといった具合です。

　細かな点について補足します。図1-1のグラフでは，点と点を線で結んでいます。数量が1.27個等，細かな数値が存在しているように見えてしまいますが，これは，細かい数値があるのではなく，価格と数量の関係を明確にするために，点をつないだ線を用いて解釈すると考えてください。

● 項末問題解答
問題1　(1)
問題2　(2)，(3)
問題3　(1)
問題4　略
問題5　略
問題6　(1)

第2章 市場の理論

　この章はミクロ経済学の基礎的内容の全体像を把握する章です。いくつかの重要な概念について，価格メカニズムを中心に勉強します。また，市場の失敗と呼ばれる内容についても勉強します。なお，本章の内容それぞれについては，後の章で詳しく勉強します。

キーワード　　市場，　需要，　供給，　価格メカニズム，　需要曲線，　需要の法則，供給曲線，　均衡点，　均衡価格，　均衡取引量，　超過供給，　超過需要，　市場の失敗，　余剰分析

2.1　市　場 ···

■ 市　場

　経済学では，財・サービスが売買される場を，市場（しじょう）と呼びます。市場で需要と供給のバランスがとれるように価格がつき，取引が行われるのです。ミクロ経済学で市場について考えるとき，ある一種類の，同質の財について注目します。例えばリンゴの市場，白菜の市場などです。ただし，教科書では財を特定することなく話を進めることもあります。ある財について，という具合です。

　ところで現実の売買の場と理論的な市場の関係が気になる方もいるでしょう。ここではダイコンで考えてみましょう。小売店で販売される価格は，その仕入れ値を参考につけられます。仕入れ値は，卸売市場などでついた価格です。結局のところ，一つひとつの小売店での価格の違いは大きなものではなく，日本国内でその時期に収穫されて出荷された量と，それらを手に入れ

表2-1　ダイコン収穫量

都道府県	収穫量（トン）
千　葉	148,100
北海道	147,200
青　森	115,700
鹿児島	86,300
神奈川	73,600

＊農林水産省ホームページ「作況調査（野菜）」2020年デー
タのうち1位から5位を示した。

たいとする小売店とその先にいる消費者が欲しいとする量との取引で決まる
のです。

　日本国内ではたくさんのダイコンが生産されています。表2-1には2020
年のダイコン収穫量上位5都道府県を示しました。収穫された野菜は出荷さ
れ，農協や卸売市場などを経て，スーパー等の小売店で販売されます[1]。こ
のような仕組みは小・中・高校で勉強してきたことでしょう。

問題1　農林水産省による「野菜の生育状況及び価格見通し」が毎月，発表されてい
る。野菜の品目別に，今後の生育および出荷見通しと，価格見通し（平年比）が示さ
れている。これを参照して，供給量が増えるあるいは減るときと価格の見通しがどの
ような関係なのか確認しなさい。

■ 完全競争市場と不完全競争市場

　本書の範囲のほとんどは，完全競争市場を仮定した分析です。前章でも述
べましたが，完全競争市場とは，通常は次の条件が成立すると仮定されます。

---

[1]　詳細は，東京都中央卸売市場による「青果（やさいやくだもの）の流通の仕組み」が分
かりやすいです。
https://www.shijou.metro.tokyo.lg.jp/kids/sikumi/shina/yasai/

(1)　市場で取引される財・サービスは同質である。

(2)　市場には需要者も供給者も十分に多くが存在している。1人や1社の取引量は相対的に少ない。

(3)　取引される財・サービスに関する情報は，需要者も供給者も完全に入手することができる。

　以上の条件は，理論的に展開する上で重要な仮定です。本書では，ほとんどの部分でこれらの仮定が成立すると考えて，需要，供給，そして価格・取引量といった仕組みを勉強します。また，本章2.4で扱う市場の失敗では，これらの仮定が成立しない状況を分析対象とします。完全競争市場の仮定については，第9章で詳しく説明します。

　上記の仮定は理論的に必要ですが，必ずしも現実の経済で成立するとは限りません。比較的近いと考えられるのは，野菜などの生鮮食品の市場でしょう。現実社会は複雑ですから，これらの条件に合うほど簡単化されていません。ただし，経済学では，ある程度シンプルに骨組みを見つつ，モデルとしてその仕組みを表しながら，いくつかの仮定の下に話を展開していきます。

問題2　独占市場という言葉を聞いたことがある，あるいは勉強したことがある人も多いであろう。言葉の通りで，市場をある1社が独り占めしている状態を指す。独占市場は完全競争市場の仮定と一致しない。独占市場を上記仮定と照らし合わせて，一致しないことを確認しなさい。

2.2　価格メカニズム

■ 価格メカニズム

　需要と供給があり，市場で価格がつき取引が行われます。ここで価格が重要な役割を担います。需要と供給を調整して，バランスをとります。その様子を見ていきましょう。

　夕方のスーパーでは，お惣菜に割引シールが貼られることがあります。20

円引きや，10%値引きなどのシールです。お惣菜は消費期限が短いものが多いので，販売できる時間に限りがあり，売れ残ってしまうかもしれません。しかし売れ残っているということは，需要と供給のバランスが悪かったのです。売り手の考えは，廃棄するよりは安くしてでも販売してしまいたいのです。その方がもったいなくないですし，少しでも収益を得られます。一方の買い手の考えは，安いのであれば買ってみようと思う人もいます。なお，全員が同じ考えを持つことはありません。一部の人がそのように考えて行動するのであれば，売買が成立します。

　さて，この例では，売れ残りという需要と供給の不一致から，価格が下がることで需要と供給が一致する方向へ変化が生じました。価格は，市場の働きによって自然と変化しました。もちろんシールを貼るのは店員ですが，売れ残りという市場の動きに応えているのにすぎません。また，価格が下がることで購入する消費者の行動は，価格変化に対応して需要が増えたのです。このように，市場の中で，需要と供給がバランスをとれるように価格が調整する仕組みを価格メカニズムと呼びます。

　売れ残りの例とは反対に，モノが不足する状況における価格の役割を見てみましょう。野菜の価格は，天候などの理由によって，大幅に変わることがあります。例えば，レタスの価格は，令和2年8月には天候不順により，平年の約2.4倍にまで上昇しました[2]。

　天候不順で価格上昇が起こるとき，市場に出回る野菜の量が少ないのです。経済学に合わせて表現すると，供給量が平年よりも減少しました。一方の需要ですが，生鮮食品は多くの人や外食産業などが需要していて，通常は急激な変化は考えられません。このような供給不足による品薄の状況によって，市場の価格が上昇していきます。価格が高くなると一部の需要者は購入を控

---

[2]　農林水産省「食品価格動向調査（野菜）」より。
https://www.maff.go.jp/j/zyukyu/anpo/kouri/k_yasai/h22index.html
令和2年8月10日から始まる1週間には，レタスの価格は平年比242%になりました。農林水産省調査による，各都道府県10店舗の量販店の価格です。

えることがあります。すると少なくなった需要量が供給量と一致してきます。このように，品薄の際には，価格が上昇することで，需給が一致します。

問題3 価格による調整機能が働く例は身近にあふれている。生鮮食品の他にどのような財があるか観察して，考察をまとめなさい。

2.3 需要と供給の分析 ………………………………………

■ 需要曲線

価格メカニズムを理解するには，需要曲線と供給曲線，そしてそれらの図解を行います。もちろん需要関数と供給関数があるのですが，ここでは関数まで踏み込まず，まずはグラフによる分析を行いましょう。

まず需要曲線を考えましょう。需要曲線は，市場で売買されるある財について，価格がいくらならばいくつ需要されるかという，価格と需要量の関係を表す曲線です。

市場全体について記述された需要曲線は市場需要曲線，あるいは単に需要曲線と言います。市場需要曲線は，価格と個人の需要量の関係を表す個別需要曲線を，価格の下で需要量を合計した曲線です。現実にこれを計算するのではなく，理論的にそのように考えます。

通常の財であれば，価格が安ければ多く，逆に価格が高ければ少なく需要されます。グラフでは，縦軸を価格，横軸を数量として描くと，需要曲線は右下がりの曲線です。図2-1に需要曲線を示しました。需要を意味する英語である Demand の頭文字で「D」と表記しています。

右下がりの曲線は，価格が安くなると需要量が増え，そして逆に価格が高くなると需要量を減らす傾向が示されています。図2-1では価格が P_1 から P_2 へ安くなると，需要量が Q_1 から Q_2 へ増えています（文字では分かりにくければ，600円から500円へ安くなったとき，需要量が1,000個から1,200

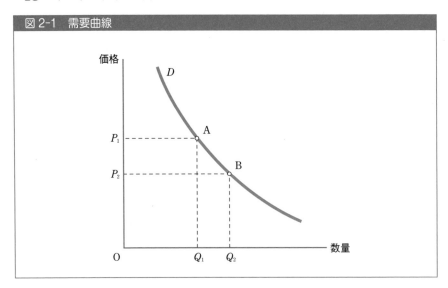

図2-1　需要曲線

個へ増えるなどと数字を入れて考えてみましょう)。このような価格と需要量の関係を需要の法則と言います。この需要の法則とは，需要曲線の上では，点の位置が変わることで確認できます。この例ではA点からB点へ変化しました。需要曲線上にある点であれば，その他の点でも同様に解釈できます。

　なお，右上がりの需要曲線が描かれることは，ほとんどありません。ギッフェン財という特殊な性質を備える財の需要曲線は右上がりになりますが，私たちの身近にはないと言っても過言ではありません。ギッフェン財について，第4章で説明します。

　需要曲線を考えるとき，財の同質性の仮定について，初学者は混乱するようです。例えば安い豚肉よりは，価格が高くても質が良くブランドが確立された豚肉を買いたいと考えるのであれば，それは安い豚肉と，価格が高くて質の良い豚肉という異質の財を，一緒に考えてしまっています。

　1本の需要曲線で表されるのは同質の財における価格と需要量の関係です。財の同質性を再確認すると，同じ質の豚肉であれば，わざわざ高い金額を支

払う理由はないでしょう。同じ質の豚肉が安く売られていれば，需要量は増えるでしょう。別のときに，同じ質の豚肉の価格が高くなったのであれば，購入を控える人もいるでしょう。このようなことを合わせると，価格と需要量の関係を示す需要曲線は右下がりで描かれます。

　なお，質が異なる財が1つの市場で売買されていて，なおかつそれぞれの財の質に関する情報を消費者が十分には入手できない状況に関する分析は，情報の非対称性として，第13章で扱います。

　需要者も供給者も市場には数多くいると考えます（1社だけが供給する独占市場については第12章で説明します）。需要曲線と供給曲線は，それぞれ需要者と供給者の行動の合計として導出されます。私たち一人ひとりの行動も，この需要曲線を構成する一部なのです。

問題4　需要曲線は直線であると仮定し，需要曲線に描かれる価格 P と需要量 D の関係は次の式で表されるとする。

$$D = -2P + 2000$$

この式で表される関係をグラフに描きなさい。ただし，縦軸は価格，横軸は数量とする。

■ 供給曲線

　供給曲線は，市場で売買されるある財について，価格がいくらならばいくつ供給されるかという価格と供給量の関係を表す曲線です。供給の理論によると，供給者が，収入と費用の差額である利潤を最大にする目的で行動すると，高い価格に対してはより多い量を供給することになります。その結果，供給曲線は右上がりです。例えばダイコンであれば，供給者は日本中にたくさんいますから，個別供給曲線を合計して市場供給曲線が描かれます。

　図2-2には，ある財の供給曲線が描かれています。供給を意味する英語である Supply の頭文字で「S」と表記しています。価格が P_1 から P_2 へ安く

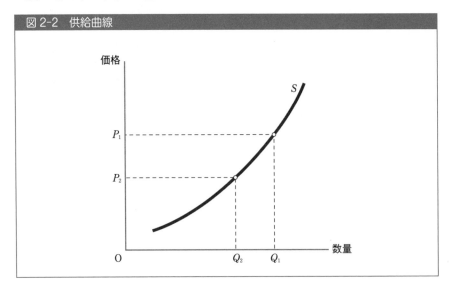

図 2-2　供給曲線

なると，それにつれて供給量は Q_1 から Q_2 へ減ります。

問題 5　供給曲線は直線であると仮定し，供給曲線に描かれる価格 P と供給量 S の関係は次の式で表されるとする。

$$S = 2P - 200$$

この式で表される関係をグラフに描きなさい。ただし，縦軸は価格，横軸は数量とする。

■ 需要と供給のバランス

　需要と供給が一致する価格で取引が行われます。図 2-3 には市場の需要曲線（D）と供給曲線（S）を1つの図に描きました。2本の線が交わる価格は P^* です。この価格での取引量は Q^* です（文字での解釈が難しければ，例えば 500 円で 1,200 個が売買されるという具合に数字を入れて考えることもよいでしょう）。

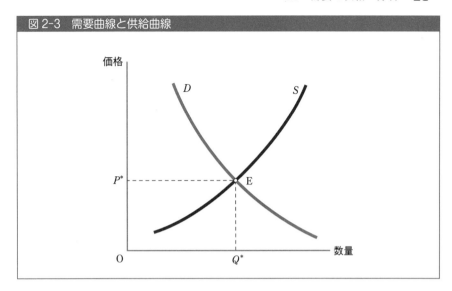

図2-3 需要曲線と供給曲線

　図中の点 E では，需要量と供給量が一致しています。一致するように価格がバランスをとっています。この点は均衡点と呼ばれます。均衡はバランスがとれていることを意味する言葉です。均衡における価格を均衡価格，取引量を均衡取引量と呼びます。なお，均衡の意味を持つ英語 Equilibrium の頭文字を使い，図中では E 点として表示します。

　均衡状態にないときには，価格が次第に変化することで需給が均衡する状態へと変わっていきます。図2-4で，仮に価格が均衡価格よりも高くて P_H であったとします。すると，供給側は高い価格設定であればより多くの財を供給します。図2-4の Q_d です。一方の需要側は，価格が高いと需要量が少なくなります。図中の Q_a です。この状態では供給量が需要量を上回ってしまいます。この状態を超過供給と言います。

　超過供給では，価格が次第に低下していき，いずれ需要と供給が一致します。価格が下がることで，供給は減り，需要は増えていくのです。価格による調整は，価格が均衡価格よりも高いうちは続きます。そして均衡に至ります。

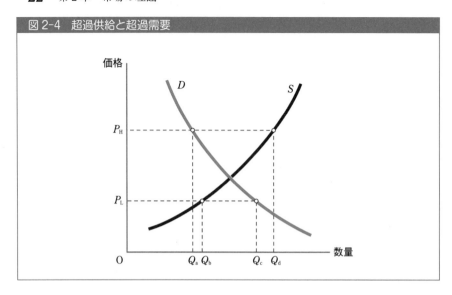

図 2-4　超過供給と超過需要

　この設定とは反対に価格が均衡価格よりも低いときにも，価格調整機能が
働くことを見ていきましょう。図 2-4 の価格 P_L は均衡価格よりも低いので，
その価格の下では供給量が少なく，需要量が多いです。供給量と需要量はそ
れぞれ Q_b と Q_c です。この状態は超過需要と呼ばれます。この状態では，
需要の一部は満たされません。すると価格が高くても購入したいという行動
が見られるでしょう。この結果として，価格が高まる力が市場で働きます。
価格が高くなるにつれて，需要は減っていきます。一方の供給は，利潤を最大
にする行動の結果として，価格上昇につれて供給量が増えていきます。価格
が均衡価格よりも低いうちは，このことが続きます。そして均衡に至ります。
　価格が均衡価格と異なるとき，価格が次第に変化していき，結果として需
要と供給が一致するところで取引が行われるのです。この一連のことを価格
メカニズムと言います。

問題 6　問題 4 と問題 5 の需要曲線と供給曲線が重なる点の価格はいくらか，答え
なさい。

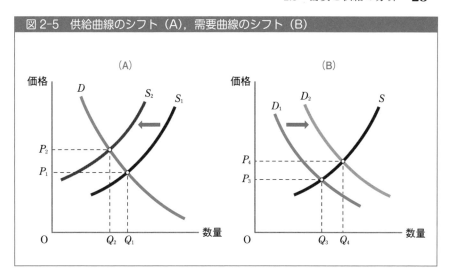

図 2-5 供給曲線のシフト (A), 需要曲線のシフト (B)

■ 需給曲線のシフト

　需要曲線と供給曲線は, グラフの中の位置が変わることがあります。どちらの曲線も価格と量の関係を表していますが, その他の変数が変化すると, 曲線が描かれる位置が変わります。これは, 曲線が動くように見えるので, 英語で「移動」を意味するシフトと呼ばれます。例えば天候不順によって野菜の供給量が少なくなることは, あらゆる価格に対する量が少なくなると考えられるので, 供給曲線の位置は, 量が少ない左側へシフトします。

　需給曲線がシフトする要因はたくさんあります。それらの要因とシフトの結果は第5章で詳しく説明しますが, ここでは簡潔に2つのケースを見ておきましょう。

　図2-5(A) には2本の供給曲線 (S_1 と S_2) が描かれています。右側は平年, 左側は供給に変化が生じた際の供給曲線とします。先の例のように天候によって生産量が少なくなった場合は, これに当てはまります。需要曲線 (D) は変化がなく, いつもと同じなので1本だけです。すると供給曲線のシフトによって, 均衡点は左へ変化します。均衡価格は P_1 から P_2 へと高くなり, 均衡取引量は Q_1 から Q_2 へと少なくなります。

図2-5（B）には2本の需要曲線が描かれています。仮にその財に対するブームが起きたとして，多くの重要者の嗜好が変化し，需要曲線が右側へシフトしたと考えます。元の需要曲線が D_1，変化後が D_2 です。なお，供給曲線は変化せず S は1本です。すると，均衡点が変化し，均衡価格が P_3 から P_4 へと高くなり，均衡取引量 Q_3 から Q_4 へと増えます。

実際の取引価格や取引量の変化は，このような均衡点の変化として考えられます。一言に価格が高くなったと言っても，その理由が需要側か供給側かによって，均衡点の変化は異なります。

問題7　ある財について，供給曲線が右へシフトする要因があったとする。このとき，均衡価格と均衡取引量は，変化前と比べて，どのようになるか答えなさい。ただし，他の条件は一定とする。

2.4 市場の失敗 ···

■ 市場の失敗

価格メカニズムによる市場を調整する機能が働くのであれば，市場が望ましい状態を実現します。しかし中には，市場に任せておくだけでは，機能が発揮されないケースがあります。それらは市場の失敗と呼ばれます。

市場の失敗の一つには，情報の非対称性があります。財に関する情報量が，売り手と買い手の間で等しくはない状態のことです。

ある財の市場には質の異なる財が供給されているものの，一つひとつの財の質に関する情報を，買い手側は十分には入手できない状況です。買い手側にとっては，質の悪い財を手に入れてしまう恐れがあるのです。売り手側のうち質の良い財の供給者にとっては，質の悪い財と一緒にされてしまうことで，安い価格でしか売れないのであれば損をします。ただし，質の悪い財の供給者は販売し続けるでしょう。すると市場には質の悪い財だけが残るので

す。質の良いものではなく，逆に悪い財が残ることから，逆選択問題という名で知られています。この問題はアカロフ（G. A. Akerlof：2001年ノーベル経済学賞受賞者）による研究論文が広く知られています。その論文で扱われた質の悪い中古自動車の呼び方から，レモンの市場と言われます。第13章13.3で詳しく説明します。

　市場の失敗の2つ目として外部効果を説明します。外部効果は，市場取引を通らずに他者へ影響を及ぼすことです。なお，影響の良し悪しで正の外部効果と負の外部効果があります（あるいは外部経済と外部不経済と言われます）。

　正の外部効果はいわば相乗効果を発揮するようなことです。負の外部効果の方が一般的には問題になります。これは市場取引を経ずに，他者に対して負の効果を与えてしまうことです。自動車の売買で考えてみましょう。自動車を生産し，市場取引で需要者の手に渡ることは経済の仕組みの中で行われます。しかし，消費に伴う排ガスで空気が汚されることは，市場取引を経ていません[3]。すなわちその対価を誰も支払っていないことになります。これが負の外部効果の例です。

　負の外部効果があるときに財の取引を市場に任せておくと，適正な量よりも多く取引されてしまうのです。自動車の例では，自動車の取引を市場に任せておく場合と，環境を汚染することに対する費用を取り入れて考える場合を比較すると，前者での取引量は多いのです。対処法は，対価を明確にして，取引量を少ない適正量にすることです。この方法としてピグー税が知られています。第13章13.1で詳しく説明します。

　市場の失敗の3つ目として独占を説明します。独占とは市場を1社が占めている状況です。通常は売り手が1社であり買い手が複数の状況が問題にな

---

[3]　現在の自動車は技術的な取り組みもあり，排ガスによる大気汚染はだいぶ減らされています。

ります（逆に買い手が1社で売り手が複数の場合もあります）。

　独占企業の行動の結果として，供給される財の価格が高く，生産量が少ない状況になります。消費者はこの独占企業から購入する他にはその財を入手する方法がないので，高い価格であっても，それを購入するのであれば支払わざるを得ません。したがって消費者にとっては不利な状況なのです。

　独占市場の問題点の一つは，市場がうまく機能しないことです。第12章で余剰分析によって詳しく説明しますが，独占市場では市場の働きが十分には発揮されません。

問題8　経済学の専門用語である「市場の失敗」に当てはまる市場を，選択肢から1つ選びなさい。
　（1）　独占市場
　（2）　売れ残りがある市場
　（3）　品不足に対応できない市場

2.5　余剰分析 ···

■ 余剰分析

　完全競争市場では，市場で価格メカニズムが働くことで望ましい状況が実現できると考えられています。一方で，市場がうまく機能しない，いわゆる市場の失敗に陥る状況も説明しました。さて，これらはどのように判断されているのでしょうか。

　市場取引によって，財があるところから必要とされるところへ渡ります。数に限りがある希少な財が，市場で分配されます。

　消費者が財を消費することによって得られる便益と，生産者が財を生産し供給することで得られる便益の合計は，完全競争市場の均衡において，最大になっています。最大であるということは，それよりも高める余地が残され

ていなく，市場は無駄なく機能しているのです。なお，消費者の便益は消費者余剰，生産者の便益は生産者余剰，そしてそれらを合計した総余剰として分析することができます。このような分析手法を，余剰分析と言います。

余剰分析の観点で見ると，市場の失敗のケースでは，総余剰が最大になっていません。総余剰を高める余地が残されているにもかかわらず対応できていないのですから，良い状態ではありません。したがって市場取引に任せておくのではなく，何かしら対処が必要とされます。詳しくは，第11章で解説します。

問題9 完全競争市場における均衡が望ましい状態であると判断できることに関する説明として妥当な文を，選択肢から1つ選びなさい。

(1) 取引が素早く行われること。

(2) 誰かの便益を高める余地が残されていなく最大であること。

(3) 財の売り手が多数いること。

章末問題

1.　完全競争市場について説明した文として間違っているものを選択肢から 1 つ選び
　　なさい。
　　（1）ある財について需要と供給が一致する価格で取引が行われる。
　　（2）完全競争市場では需要者も供給者も多数が市場にいると仮定される。
　　（3）均衡価格よりも何かの理由で価格が低いとき，価格はそのまま固定される。

2.　超過供給に関する記述として妥当な文を選択肢から 1 つ選びなさい。
　　（1）供給量が需要量を上回っていて，価格は次第に下落する。
　　（2）需要量が供給量を上回っていて，価格は次第に下落する。
　　（3）供給量が需要量を上回っていて，需要が次第に減る。

3.　需要曲線と供給曲線はそれぞれ次の式で表されるとする。
　　$D = -P + 500$
　　$S = 2P - 100$
　　均衡価格を求めなさい。

4.　供給曲線が左へシフトした場合に，均衡価格と均衡取引量は，シフト前と比べて
　　どのように変化するか答えなさい。

● 項末問題解答

問題 1 ～ 3　略

問題 4

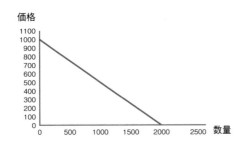

問題 5

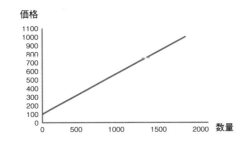

問題 6　550 円

問題 7　均衡価格は安く，均衡取引量は多くなる。

問題 8　(1)

問題 9　(2)

第3章 予算制約と無差別曲線

本章から第5章までは，消費者行動について勉強します。消費者は財の消費に使える予算に限りがある中で，自分で選択した財を消費し，消費によって満足度を得ています。これは私たちの日常の行動ですが，これを経済学では科学的に解き明かしていきます。まず本章では予算と，消費で得られる満足度について説明します。

キーワード　　2財モデル，　予算制約式，　予算制約線，　消費可能領域，　限界効用逓減の法則，　無差別曲線，　限界代替率逓減の法則

3.1　予算制約

■ 2財モデル

本章では2つの財について消費者が消費する量を選択する2財モデルを扱います。実際の経済はさらに複雑です。私たちは日常の生活の中で洋服や食べ物，文房具等，数多くの財・サービスから選択して消費しています。しかし多くの財を同時に考えることは複雑で難しいですから，複数から選択する問題の初歩として2財を考えていきましょう。

■ 予算制約

予算制約とは，消費に使うことができる予算の制約を表します。2財それぞれの財の価格が分かっているとします。予算内で2財をそれぞれいくつずつ購入できるのかを考えます。なお，実際に購入する数を決めるのは，少し先になります。ここでは購入する可能性がある数を考えていきます。

具体的に考えてみましょう。コーヒー飲料とクッキーがあるとします。ど

ちらも1本あるいは1袋で100円とします。予算は1,000円とします。この条件で、それぞれをいくつずつ消費することができるでしょうか。なお、この設定を**例1**とします。

1つにつき100円の財を1,000円以内で消費するので、合計して10個の組み合わせであれば消費できます。例えばコーヒー飲料2本とクッキー8袋、あるいはコーヒー飲料3本とクッキー7袋等、いくつかの組み合わせがあります。また、予算が残る組み合わせも消費可能です。例えばコーヒー飲料1本とクッキー2袋なら合計で300円ですから、1,000円で消費可能です。

1本100円のコーヒー飲料を x 本、1袋100円のクッキーを y 袋として、1,000円で買うことができる組み合わせを、次の式で表します。

$$100x + 100y = 1000$$

これは予算制約式と呼ばれます。一般的に書くと次の式です。

$$x 財の価格 \times x 財の数 + y 財の価格 \times y 財の数 = 予算$$

なお、予算制約式は厳密には、

$$100x + 100y \leqq 1000$$

として、不等式で表されます。しかし、ちょうど使い切る意味ではイコールで表される線が重要な意味を持ちます。そこで、以下ではイコールで成立する関係を使います。

予算制約式をグラフ上に描くように、$y =$ に書き換えてみましょう。まず x が含まれる項を右辺へ移項すると次の式になります。

$$100y = -100x + 1000$$

次に、両辺を y 財の価格である100で割ります。

図3-1 予算制約線

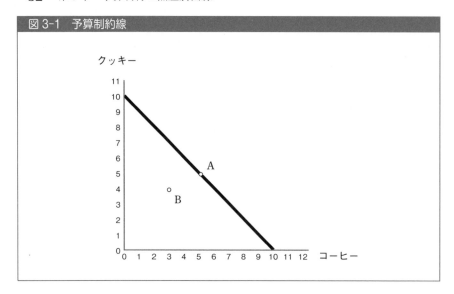

$$y = -x + 10$$

これをグラフに描きます。縦軸はクッキーの個数，横軸はコーヒー飲料の本数です。図3-1に描かれた直線が予算制約線です。予算制約線上の点は，予算をちょうど使い切る財の組み合わせです。例えばA点はコーヒー飲料5本とクッキー5袋で，ちょうど1,000円です。

　さて，予算制約線の傾きは，－ x 財の価格÷ y 財の価格です。傾きの絶対値は価格比です。先ほどの導出を見てください。右辺へ移項でマイナスが現れ，そして y 財の価格で両辺を割るときに， x 財の価格÷ y 財の価格になりました。

　予算制約線の y 軸切片は，予算÷ y 財の価格です。この関係も，先ほどの導出で使っています。なお，導出では使いませんでしたが， x 軸と予算制約線が交わる x 軸切片は，予算÷ x 財の価格です。これらの関係は後の説明で使われる重要なものです。

　予算制約線の左下は消費可能領域と呼ばれます。その領域にある財の組み合わせは全て，消費することができます。例えば B 点はコーヒー飲料が 3 本とクッキーが 4 袋です。合計で 700 円なので予算が余ります。

　その他の点も，消費可能領域に含まれる点は消費が可能です。極端な話ですが，どちらも 0 個を選択することも可能です。これは予算である 1,000 円がそのまま残ります。

問題 1　x 財価格が 120 円，y 財価格が 100 円，予算が 1,500 円として，予算制約式を答えなさい。

■ x 財価格上昇による予算制約の変化

　先の価格と予算の設定から，コーヒー飲料の価格だけが 120 円へ上昇したときの予算制約の変化です。y 財の価格は 100 円から変化がなく，予算は 1,000 円です。なお，これを**例 2** とします。

　予算制約式は次のようになります。

$$120x + 100y = 1000$$

この式を変形すると，次の式になります。

$$y = -1.2x + 10$$

傾きが -1.2，切片が 10 の予算制約線です。

　例 1 と**例 2** の予算制約式を比較すると，x 財価格が高くなったため価格比が変わり，予算制約式の傾きが急になります。ただし，予算と y 財の価格は変わっていないので，y 軸切片は変わりません。なお，x 軸切片は $\frac{25}{3}$ です。これは予算 ÷ x 財の価格です。**例 1** の価格と予算の下で x 軸切片は 10 でしたが，**例 2** では x 財価格が高くなったために x 軸切片が小さくなります。

　図 3-2 には**例 1** と**例 2** の予算制約線が描かれています。2 本の予算制約線を比較すると，y 軸切片を中心に予算制約線が変化して消費可能領域が狭

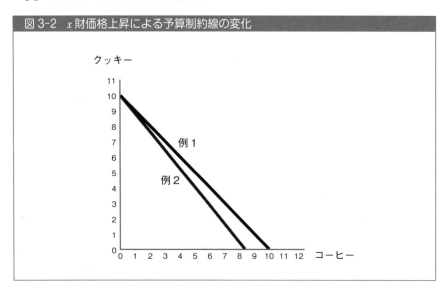

図 3-2　*x* 財価格上昇による予算制約線の変化

くなりました。なお，ここでは *x* 財価格が上昇した場合を考えましたが，反対に *x* 財価格が安くなった場合については問題 2 を解きましょう。

問題 2　*x* 財価格が 80 円，*y* 財価格が 100 円，予算が 1,000 円として，予算制約式を答えなさい。また，予算制約線を描きなさい。

■ *y* 財価格上昇による予算制約の変化

　次に，*y* 財価格が上昇して，*x* 財価格と予算が変わらない場合の予算制約式と予算制約線を勉強します。*y* 財価格が 150 円へ上昇し，*x* 財価格は 100 円，予算は 1,000 円から変化しないとします。この設定を例 3 として，例 1 と比較します。ここでは例 2 は使いません。

　予算制約式は

$$100x + 150y = 1000$$

です。この式を変形すると，

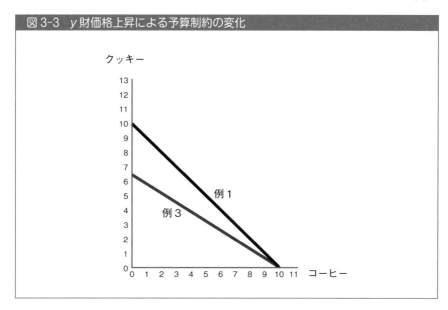

図 3-3 y 財価格上昇による予算制約の変化

$$y = -\frac{2}{3}x + \frac{20}{3}$$

です。**例 1** と比較すると，y 財価格上昇のために予算制約式の傾きが -1 から $-\frac{2}{3}$ へ緩やかになり，y 軸切片が 10 から $\frac{20}{3}$ へ小さくなりました。

図 3-3 には，**例 1** と **例 3** の予算制約線が描かれています。y 財価格が上昇したため，y 軸方向で消費可能領域が狭くなるように，予算制約線が変化しました。x 軸切片は変化していません。

問題 3　x 財価格が 100 円，y 財価格が 80 円，予算が 1,000 円として，予算制約式を答えなさい。また，予算制約線を描きなさい。この答を例 1 および例 3 と比較しなさい。

■ 予算増加による予算制約の変化

所得が増えることで予算が増えることがあります。この場合には予算制約が変化します。x 財価格と y 財価格はともに 100 円，予算が 1,500 円とします。

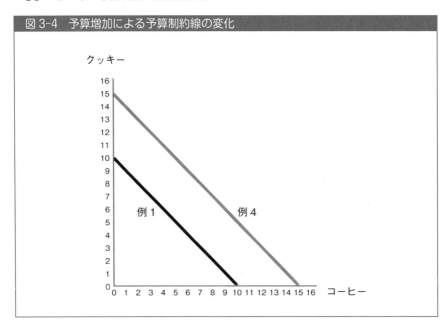

図3-4 予算増加による予算制約線の変化

この設定を**例4**として，**例1**と比較します。

　この予算制約式は次の式です。

$$100x + 100y = 1500$$

この式を変形すると，

$$y = -x + 15$$

です。**例1**と比較すると，2財の価格比は同じなので，予算制約線の傾きは同じで−1です。なお，y軸切片は予算÷y財の価格でした。これは15です。予算増額によって大きな値へ変化します。

　図3-4には**例1**と**例4**の予算制約線が描かれています。予算制約線は同じ傾きで平行に，外側へ移動します。

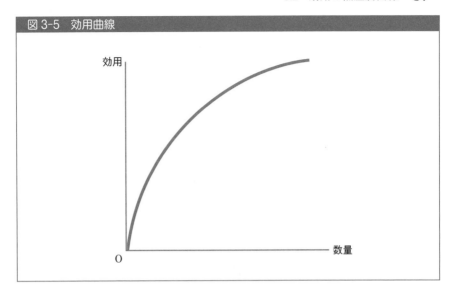

図 3-5　効用曲線

問題 4　x 財と y 財がともに 100 円で，予算が 800 円へ減少した場合の予算制約式を答えなさい。また，例 1 と比較して，予算制約線の傾きと切片がどのように変化するか言葉で説明しなさい。

3.2　効用と無差別曲線 ·······························

■ 効用と無差別曲線

　消費者は，予算と市場で決まる価格の下で財を消費し，満足度を得ます。消費者が消費によって得られる満足の度合いを効用と呼びます。

　図 3-5 は消費者による，ある 1 財を消費したときの効用を表しています。通常は，消費量が多いほど，高い効用を得られると考えられています。このため，効用曲線は右上がりに描かれます。

　効用曲線が高くなっていく程度は，少しずつ小さくなります。食べ物で考えてみましょう。もしも食べ物が 1 つもない状態から，ある食べ物を 1 つだ

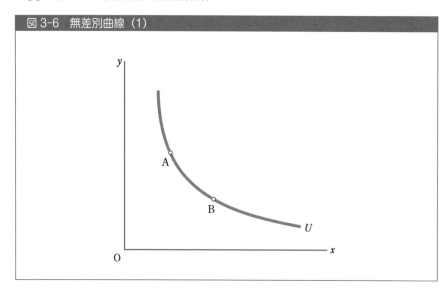

図 3-6　無差別曲線（1）

け消費できたら，うれしいでしょう。しかし，2つ，3つと増えていき，さらに増えて，仮に10個を消費した後に11個目を消費するとなると，やや飽きてきて，うれしさが増える程度は少なくなるのではないでしょうか。このように，効用が高まるものの，その増える程度が小さくなっていくことを，限界効用逓減（ていげん）の法則と言います。限界効用とは，消費量1単位の変化に対応する効用の変化程度を表します。逓減は，少しずつ減少することを意味します。

　さて，2財モデルで効用を表すと立体になります。縦軸と横軸に消費量を取り，高さで効用水準を表していて，まるで山裾から次第に高くなるような形状です。その立体が高いところでは，効用水準が高いのです。この形状を2次元のグラフに表現するため，地図上の等高線のように，効用の高さによって水平に切り取った線を想像してください。これを平面に描いた曲線が無差別曲線です。

　図3-6は，ある効用水準に対する無差別曲線（U）です。1本の線上の点は，

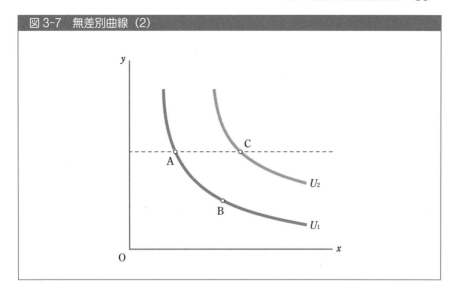

図3-7　無差別曲線（2）

同じ効用水準を表します。このため，図3-6のA点とB点は同じ満足水準を得られる財の組み合わせです。同じ効用であり，これらを区別（差別）できないという意味で，無差別曲線と呼ばれます。

　通常，無差別曲線は次の特徴を持ちます。

(1) 傾きが右下がり

　1つの財の消費量が減ると，他方の財の消費量が増えることで，同じ効用水準が保たれます。例えば，図3-7のA点とB点を比べると，AよりもBはy財が少なくx財は多くあります。一方は多くとも他方は少ないので，この個人にとっては，どちらも同じ程度の効用を得られると考えています。

(2) 原点から遠いほど効用が高い

　どちらの財も消費量が多いほど，効用が高いと考えます。グラフの中では右上の方向ほど効用が高くなります。

　A点とC点を比較すると，C点は同じだけy財がありつつ，x財はさらに多いのです。通常の仮定では財の消費量が多いほど効用は高くなります。し

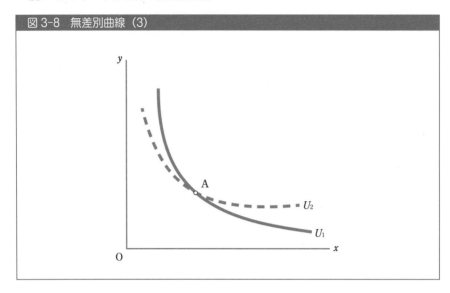

図3-8　無差別曲線（3）

たがって，C点は，A点より高い効用に対応する，別の線上にあります。

(3) 互いに交わらない

　1本の線上の点は同じ効用水準を表しますので，他の効用水準を表す線と交わることはありません。交わると考えると効用の高さが矛盾するので，交わることがないと分かります。なお，図3-8では2本の無差別曲線が交わっています。比較のために1本を点線，もう1本を実線で示しました。交わっているA点では同じ効用水準のはずです。しかし，他の点では，効用水準が異なり，矛盾します。

(4) 全ての点を通る

　あらゆる財の組み合わせについて効用水準があります。図3-9では3本だけ描いていますが，それらの右上や左下，あるいは各線の間等，多数の線を引くことができます。

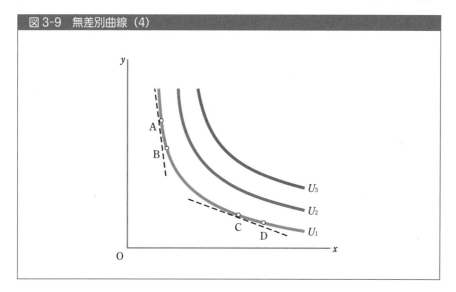

図3-9　無差別曲線（4）

(5) 原点に対して凸である

　これは原点 O に向かって膨らむ形状を表す言葉です。図 3-9 の中で A 点
と B 点を比較しましょう。同じ線上にありますので，同じ効用水準です。A
から B へ移るには，A 点で既に多くあるクッキー（y 財）をたくさん手放し，
A 点では少なかったコーヒー飲料（x 財）を少し手に入れています。比較す
ると，多くのクッキーと少ないコーヒー飲料を交換しても同じ効用水準を維
持するので，元の状態で相対的に少ない財が貴重と考えられています。希少
な財ほど取引の中で高価になるという，経済の基本的な法則を表しています。
　C 点と D 点の比較でも同じことが分かります。C 点で既に少ないクッキー
を少しでも手放すのであれば，C 点では比較的多目のコーヒー飲料をさらに
多く手に入れることで，D 点へ移ります。ここでは相対的に少ないクッキー
が貴重なのです。

　A 点と B 点および C 点と D 点として 2 点ずつで比較しましたが，このよ
うな交換比率は，究極的には，無差別曲線上の 1 点に引かれた接線の傾きの

絶対値で分かります。図 3-9 では A 点と C 点にそれぞれ接線を表す点線を書き入れました。一般的な表現にするために，コーヒー飲料ではなくx財，クッキーではなくy財として限界代替率を定義します。

$$限界代替率 = \left| \frac{y財変化量}{x財変化量} \right|$$

A 点では傾きが急ですので，横軸であるx財に対して縦軸であるy財が相対的に多目に交換されます。一方の C 点の接線の傾きは緩やかですから，x財に対して相対的に少ないy財が交換されます。これら 2 点の途中の点も含めて同様に考えると，1 本の無差別曲線上で，x財が多くなるにつれて，その接線の傾きの絶対値で表される交換比率は次第に小さくなります。これを限界代替率逓減の法則と言います。

問題5　無差別曲線に関する説明として妥当な文を 1 つ選びなさい。
　(1)　同じ予算を満たす財の組み合わせを表す点を結んだ曲線である。
　(2)　同じ予算を満たす消費額を表す点を結んだ曲線である。
　(3)　同じ効用を満たす財の組み合わせを表す点を結んだ曲線である。

■ 無差別曲線——その他の形状

　前項で勉強した内容は通常の状況で想定される無差別曲線です。しかし，それとは異なる形状の無差別曲線も存在します。本項では様々な形状の無差別曲線を勉強します。

　図 3-10 で表される無差別曲線は，右上がりの形状です。効用が高い方向が図中の左上にあります。y財については通常と同じで消費量が多いほど効用が高いのですが，x財は通常とは逆に，消費量が少ないほど効用が高いのです。消費するとうれしくない財と考えられます。

　図 3-11 の無差別曲線は，原点に向かって凹である形状をしています。ただし，通常の無差別曲線と同様に右上に行くほど効用が高くなります。A 点

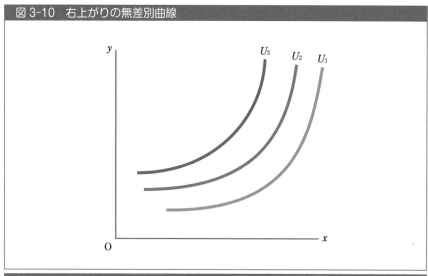

図 3-10 右上がりの無差別曲線

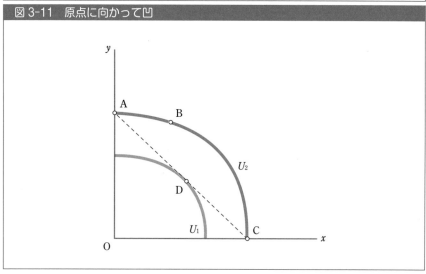

図 3-11 原点に向かって凹

とB点を比較すると，A点で既に多くあるy財を少し手放して，A点では少ないx財を多く入手することで，A点からB点へ移動します。この交換比率では，既に多くあるものが高く評価されることになり，通常の取引とは逆になります。

　もう1点指摘しておきます。A点とC点を結んだ線上にD点があります。すなわち，D点は，A点の財の量とC点の財の量を混ぜ合わせた量になるのです。ちょうど中点であれば，半分ずつ合わせたことになります。さて，このD点は，この無差別曲線の形状では，効用が低いことになります。すなわち，財の数が合わさった状態（D点）よりも，どちらか一方が多い状態（A点やC点）の方が好ましいと考えられるのです。

問題6　次の図の無差別曲線はL字型に曲がっている。これは靴や手袋のようにペアで使われる財の無差別曲線として知られている。なぜこのような形状になるのか。考えをまとめなさい。

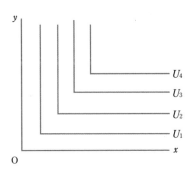

章末問題

1. x 財価格を 180 円，y 財価格を 300 円，予算を 15,000 円として，次の問題に答えなさい。

   (1) 予算制約式を答えなさい。

   (2) x 財の価格が 210 円へ上昇した場合の，予算制約線の傾きと，y 軸切片を答えなさい。ただし他の条件は一定とする。

2. 通常の無差別曲線の形状の特徴を説明しなさい。

3. 次のグラフでは 2 本の無差別曲線が A 点で交わっている。これは無差別曲線の仮定と矛盾している。矛盾していることを，A 点，B 点，C 点を使って説明しなさい。ただし，B 点と C 点の y 財の量は同じとする。

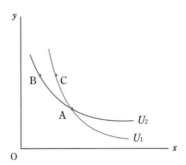

● **項末問題解答**

問題1　$120x + 100y = 1500$

問題2　予算制約式は $80x + 100y = 1000$ である。式を変形すると $y = -0.8x + 10$ である。

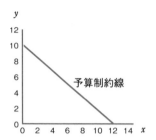

問題3　予算制約式は $100x + 80y = 1000$ である。式を変形すると，$y = -1.25x + 12.5$ である。

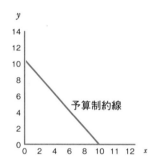

問題4　予算制約式は $100x + 100y = 800$ である。式を変形すると $y = -x + 8$ である。傾きが -1，y 軸切片が 8 の直線である。例1より原点に近い位置にあるが，傾きである価格比は同じである。

問題5　(3)

問題6　ある量の x に対して，y がいくつに増えたとしても，同じ効用である。x と y を入れ替えても同じことが言える。すなわち，手袋のように2つで1セットとして使用するものであれば，右手1つに対して左手は1つで十分であり，2つ3つとあっても効用は高まらない。このため，無差別曲線は問題で提示されたL字形になる。

第 4 章　価格・所得の変化と最適消費点

　消費者は予算制約の下で効用を最大にするように消費します。本章では，2 財モデルを用いて最適な消費量を選び出すことを学びます。第 3 章で勉強した予算制約と効用の内容を前提として，本章を勉強していきます。

キーワード　最適消費点，限界代替率，上級財，下級財，代替効果，所得効果，個別需要曲線，ギッフェン財，代替財，補完財

4.1　最適消費点

■ 最適消費点

　消費者は，予算制約の下で，効用を最大にするように消費します。図では，予算制約線と無差別曲線の接点として表されます。財の組み合わせを表す点は最適消費点と呼ばれます。

　図 4-1 は無差別曲線と予算制約線が描かれています。図 4-1 の右下がりの曲線は無差別曲線です。この図では 3 本だけを描いていますが，無数に描くことができます。この他，通常の無差別曲線の形状を持つと考えます（詳細は前章を見てください）。それぞれ，U_1，U_2，U_3 とします。図 4-1 の右下がりの直線は予算制約線です。予算と 2 財の価格が分かれば，予算制約線は 1 本だけ描かれます。なお，前章では無差別曲線と予算制約線を別の図に描いていましたが，ここでは 1 つの図に重ねて表示します。

　図 4-1 の A 点は，予算制約線と，無差別曲線のうちの 1 本が接している点です。この点は，予算制約を満たしつつ，この個人の効用を最大にしてい

図 4-1 予算制約線と無差別曲線

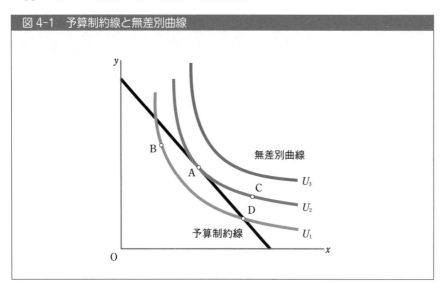

ます。すなわち，この点で表される各財の個数が，最適な消費量です。この点は最適消費点と呼ばれます。

最適消費点が予算を満たすことは明らかです。予算制約線の上にあるので，予算をちょうど使い切ります。また，A点は予算制約の下で効用を最大にしています。A点よりさらに高い効用を目指そうとすると，消費可能領域の外になってしまいますので，A点において効用が最大化されています。

さて，A点が最適消費点であり，他の点は最適ではありません。このことを確認することで，A点が最適であることを再確認しましょう。

B点は最適ではありません。B点は消費可能領域にありますので，予算範囲内で消費することができます。しかし，効用がより高い点があります。あえて効用水準が低い点を選ぶ理由は，ありません。したがってB点は最適ではありません。

C点も最適ではありません。A点と同じ無差別曲線上にあるものの，予算

制約線の右側に存在するので，予算を超えています。要するに，購入することが不可能です。このように考えると，無差別曲線と予算制約線が接する点が最適であることが分かります。

問題1　図 4-1 中の D 点は選択されない。その理由をまとめなさい。

■ 限界代替率と価格比

　最適消費点においては，無差別曲線の傾きの絶対値である限界代替率と，予算制約線の傾きの絶対値である 2 財の価格比が等しくなっています。限界代替率は，同じ効用を維持するために，x 財に対していくつの y 財を交換するかを表す比率でした。これは無差別曲線上の 1 点における，$\dfrac{y \text{財の変化量}}{x \text{財の変化量}}$ です。一方，予算制約線の傾きの絶対値は，$\dfrac{x \text{財の価格}}{y \text{財の価格}}$ です。価格は市場取引の中で決まります。これらについては，前章で勉強しました。

　ただし，無差別曲線の形状によっては，上記の関係が成立しないこともあります。例えば，1 つの財だけが消費されることもあります。

問題2　図 4-1 中 D 点では限界代替率と価格比が等しくない。どちらが大きい値を示すか。

4.2　所得の変化と最適消費点 ·····································

■ 所得変化と最適消費点の変化

　所得が変化すると最適消費点はどのように変化するでしょうか。ここでは，所得が増えたことで予算が増えるとします。ただし 2 財の価格は変わりません。このとき，予算制約線は外側へ平行に移動します。

　図 4-2 では予算増額によって予算制約線が外側へ移動した場合を描いています。ただし，無差別曲線は変化しません。これは個人の効用から導かれ

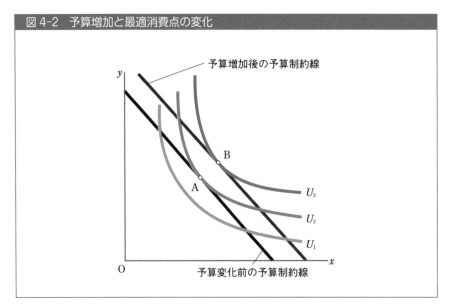

図4-2 予算増加と最適消費点の変化

たことを思い出しましょう。したがって、元から描かれていた複数本の無差別曲線が存在しています。

　予算が増える前の時点では、予算制約線と無差別曲線の接点である最適消費点はA点でした。予算増加後には、B点へ変わります。前よりも高い効用水準に対応しています。

問題3　本文中の説明とは反対に、所得が減少した場合の問題である。所得減少により予算が減ると、2財の価格比に変化がないのであれば、予算制約線はどのように変化するか。その結果として最適消費点はどのように変化するか。言葉と図で説明しなさい。

■ 上級財と下級財

　所得が増えたときに、財の需要量が増えるか減るかは、その財の性質により異なります。

　上級財は、所得が増えたときに需要量が増える財です。反対に所得が減ったときに需要量が減ると言えます。一方の下級財は、所得が増えたときに需

要量が減り，所得が減ったときには需要量が増える財です。具体的に考えると，上級財は高級レストランでの食事が，下級財は手ごろな価格で済ませられる食事が該当するでしょう。ただし，一概に言えることではありません。

問題4 図には**予算増加による最適消費点の変化**が描かれている。x財とy財の個数は，A点ではx財が3，y財が3，B点ではx財が5，y財が2とする。この場合，x財とy財は，それぞれ上級財と下級財のどちらか答えなさい。

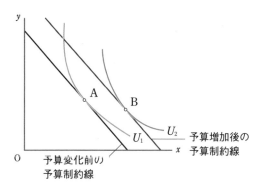

4.3 価格変化と最適消費点の変化 ……………………………

■ x財価格が変化した場合

2財の両方あるいは一方の価格が変化すると，予算制約が変わり，最適消費点が変わります。まずはx財の価格が高くなったときについて考えます。これまでの例に合わせてx財の価格が高くなったとします。y財と予算には変化がないとします。

x財価格上昇時の予算制約線の変化は前章で勉強しました。予算制約線の傾きは，$-\dfrac{x財の価格}{y財の価格}$ ですから，x財価格の上昇で傾きが急になります。切片は，$\dfrac{予算}{y財の価格}$ ですから，変化しません。したがって，x軸方向では原点に近付くように，予算制約線が変化します。

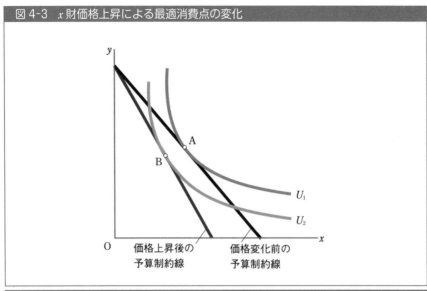

図 4-3 *x* 財価格上昇による最適消費点の変化

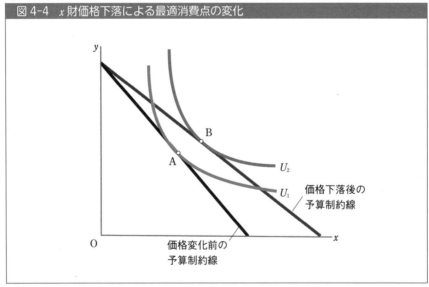

図 4-4 *x* 財価格下落による最適消費点の変化

　図 4-3 の A 点は価格変化前の最適消費点，B 点は価格上昇後の最適消費
点です。予算制約線の変化に伴って，最適消費点が変わりました。*x* 財価格
上昇により，消費可能な財の組み合わせが少ない方向へ変化し，以前よりも

効用が低い無差別曲線と，新しい予算制約線の接点が，最適消費点になります。

なお，x 財の価格上昇では，無差別曲線は影響を受けていないことに注意してください。無差別曲線は個人の効用に基づいて描かれていて，価格情報の影響を受けません。

価格が上昇した x 財の消費量は減る一方で，価格が変化していない y 財の消費量が増えるか減るかは，財によって異なります。

次に，x 財価格が安くなった場合を考えましょう。予算と y 財の価格は変化しない状況下で，x 財の価格だけが安くなりました。価格比である傾きの絶対値は小さな値に変化しますので，予算制約線の傾きが緩やかになります。ただし，切片には変化がありませんので，予算制約線は切片を軸にして，x 軸方向に広がるように変化します。新しい予算制約線と無差別曲線の接点が，新しい最適消費点です。図 4-4 にその様子を図示しました。

問題 5 x 財価格上昇と x 財価格下落の場合に分けて，x 財の消費量が増加したか減少したか，まとめなさい。

■ y 財価格が変化した場合

y 財の価格が上昇した場合の最適消費点導出を見てみましょう。ただし，x 財の価格と予算には変化がないとします。また，個人の選好にも変化がなく，無差別曲線は変化しないとします。

図 4-5 の A 点と B 点は，それぞれ y 財価格変化前後の最適消費点です。y 財の価格上昇により，予算制約線は，緩やかな傾きを持つように変化しました。ただし，x 軸切片は変わりません。

y 財の価格が上昇したので，予算制約線の傾きは小さな値へ変化し，傾きは緩やかなります。また，y 切片の値は小さくなります。なお，x 切片は，$\dfrac{予算}{x \text{財の価格}}$ ですから変化しません。このために，図 4-5 のように，予算制約線が内側へ向かって変化します。

図 4-5 y財価格変化による最適消費点の変化

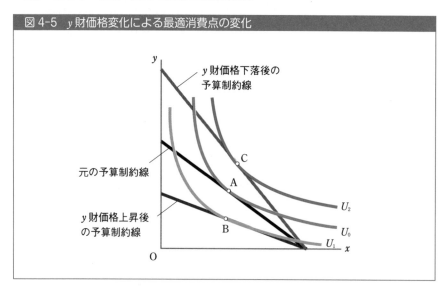

　y財の価格が高くなったため，前よりも低い効用水準の無差別曲線と接しています。変化前の最適消費点がA点とすると，新しい最適消費点はB点です。

　次にy財の価格が下落した場合の最適消費点導出を見てみましょう。ただし，x財の価格と予算には変化がないとします。また，個人の選好にも変化がなく，無差別曲線は変化しないとします。

　変化前の最適消費点をA点とすると，y財価格下落により，図4-5のA点からC点へ最適消費点が変化します。予算制約線が外側に広がるように変化したためです。y財の価格が安くなったため，前よりも高い効用水準の無差別曲線と接しています。

問題6　y財の価格上昇と下落の両ケースについて，y財の消費量がどのように変化したか確認しなさい。

図 4-6 代替効果と所得効果

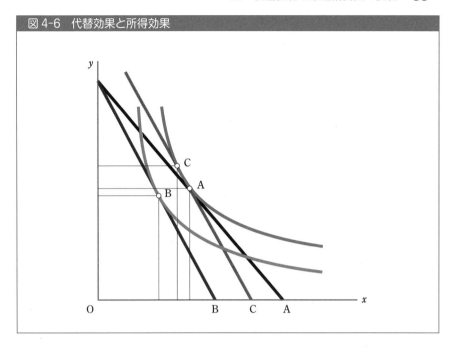

■ 代替効果と所得効果

　財の価格が変化すると最適消費点が変化します。この変化は代替効果と所得効果に分けることができます。厳密にはスルツキー方程式で解釈するのですが，本書は初学者向けですので，言葉と図で説明します。

　x 財の価格が上昇した場合について考えましょう。図 4-6 では，価格変化前の予算制約線は A 線で最適消費点は A 点です。価格変化後の予算制約線は B 線で，最適消費点は B 点です。さて，この図には他に C 線が描かれています。C 線は，価格変化前の予算制約線が接していた無差別曲線に，C 点で接しています。しかし傾きは価格変化後の予算制約線 B 線と同じです。

　このとき，A 線から C 線への変化は，価格比の変化による効果だけを見ています。A 点から C 点にかけて，相対的に高くなった x 財の消費量は減少しています。一方で，y 財の消費量は A 点から C 点へかけて増えています。

このように価格比が変化したことで，消費量が変化する効果は代替効果と呼ばれます。

　一方，図の C 線から B 線への変化を見てみましょう。2 つの線は同じ傾き，すなわち価格変化後の新しい価格比で描かれています。C 点から B 点への変化は，価格比が一定の下で，x 財価格上昇によってまるで所得が減少した効果と同様に消費量が減るので，所得効果と呼ばれます。

　なお，所得効果によって財の消費量が増えるのか減るのかは，その財の性質によります。この図では x 財と y 財ともに C 点から B 点へかけて消費量が減少して見えますが，必ずしもこうなるとは限りません。

　x 財価格上昇によって，x 財の消費量が増えるのか減るのかは，代替効果と所得効果を合わせた総効果で判断します。

　もしも x 財が上級財であれば，所得が減少したときに消費量が減少します。所得効果と代替効果を合わせた総効果は，消費量の減少です。すなわち，x 財価格上昇により消費量が減少します。

　もしも x 財が下級財であれば，所得効果によって消費量は増加します。代替効果で消費量が減少する量と，所得効果で増加する量のどちらか大きいのかによって，結果は異なります。代替効果の方が大きければ，総効果は消費量の減少です。すなわち，x 財価格上昇により消費量が減少します。

　ここまで説明した総効果はどちらも，x 財価格上昇で x 財消費量が減少しています。このような価格と需要量の関係を表す線を個別需要曲線と言います。

　なお，x 財が下級財で，代替効果よりも所得効果の方が大きければ，x 財価格が上昇（下落）すると，x 財消費量が増加（減少）します。通常の経済ではほとんどありませんので，通常は分析対象にしません。これはギッフェン財と呼ばれます。

　本項では x 財価格上昇の場合で説明しましたが，x 財価格下落，あるいは y 財価格の上昇・下落いずれにおいても，代替効果と所得効果に分けて考え

ることができます。

問題7 　x財価格下落の場合について，代替効果と所得効果をグラフに書きなさい。

■ 代替財と補完財

　代替効果は，代替財か補完財かによって異なります。x財の価格が高くなった場合で考えましょう。x財の価格が上昇するとx財の消費量が減り，x財の代わりとしてy財が消費されるのです。このように代わりに消費される財は代替財と言われます。例えば，x財がコーヒーで，y財が紅茶であれば，どちらも飲料ですので，代わりになることがあります。

　一方で，x財価格上昇によってx財の消費量が減少したときに，y財の消費量も減る関係であれば，これらの2財は補完財であるといいます。例えば，パンとジャムのように，同時に消費される財が該当します。

問題8 　A財の価格上昇によって，B財の代替効果は負であった。すなわち，B財の消費量が減少していた。この場合，A財とB財はどのような関係にあるか。

4.4 　需要曲線 ···

■ 需要曲線の導出

　予算制約下の効用最大化によって消費者行動が分かりました。これに基づいて，需要曲線を導出しましょう。

　需要曲線は価格と需要量の関係を表す曲線です。ただし，価格は市場取引によって決まります。したがって，消費者が価格の条件の下で，どのくらい需要するか判断します。仮に価格が変われば，対応する需要量が変わります。

　図4-7には，複数本の予算制約線と無差別曲線，そして最適消費点が描かれています。x財の価格が変化し，y財価格と予算は一定とします。すると，x財の価格が次第に高まるのであれば，図中のA，B，Cの各点の順に，x財の消費量は減少していきます。

図4-7 *x*財価格変化と消費量の変化

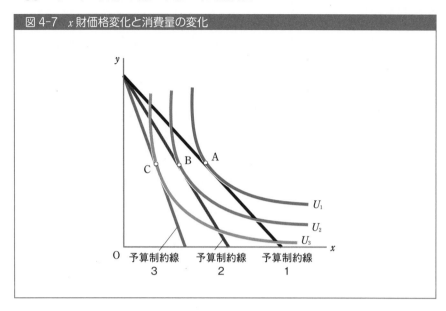

図4-8 *x*財の需要曲線

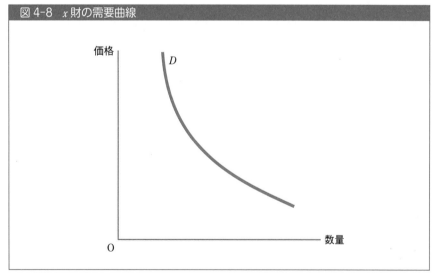

　このような予算制約線と無差別曲線の関係から，財の価格が高くなれば需要量は少なくなり，逆に価格が安くなれば需要量が多くなることが示されます。この関係をグラフに示したものが需要曲線です。図4-8に示しました。

先ほどまでの議論に照らし合わせましょう。仮に x 財の価格が高くなると，消費者は予算制約の下で，かつ y 財の価格が変わらない下で，x の消費量を減少させます。

　これは，ある一つの財の価格と需要量の関係であることはもちろんですが，その導出には予算と y 財の価格も含まれていたことに注意しましょう。もしも予算が変わると，最適消費点が変わります。あるいは，もしも y 財の価格変わると，最適消費点が変わります。すなわち，予算あるいは y 財の価格のどちらかあるいは両方が変化すると，x 財の価格が不変であったとしても，x 財の消費量が変わるのです。このことについて，詳しくは次章で扱います。

章末問題

1. 次の図には無差別曲線と予算制約線が描かれている。図の中から最適消費点を選び，記号で答えなさい。

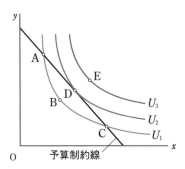

2. 予算の変化に対する最適消費点の変化が図で示されている。予算が増えたとき，x 財と y 財ともに需要量は増えている。このとき，予算増加後の最適消費点を記号 A か B で答えなさい。さらに，x 財は上級財か下級財か答えなさい。

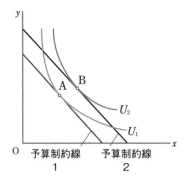

3. x 財価格が上昇したとき，y 財の需要量が増えたとする。このとき，y 財は代替財と補完財のどちらか答えなさい。

4. 次の図は，予算制約線 A，B，C と無差別曲線 U_1，U_2 が描かれている。予算制約

線BとCは平行である。また，A点とC点はどちらもU_1に接している。A点からC点への効果と，C点からB点への効果の名前を答えなさい。

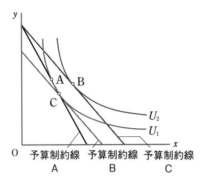

● **項末問題解答**

問題1　D点は予算制約線上にあるものの，A点よりも低い効用の無差別曲線上にある。したがって効用をさらに高めることが可能であり，最適ではない。

問題2　予算制約線の傾きの絶対値である価格比が大きな値を示す。

問題3　所得減少により，予算制約線は，消費可能領域が狭まる方向へ変化する。ただし価格比は変化していないので，予算制約線の傾きは変化しない。最適消費点は図のA点からB点へ変化する。

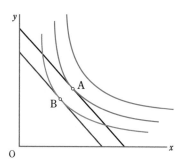

問題4　x財は上級財，y財は下級財である。

問題5　本文の通り

問題6　本文の通り

問題7　x財価格下落により，予算制約線は外側へ変化する。A点からC点へは代替効果，C点からB点へは所得効果である。

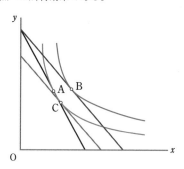

問題8　A財とB財は補完財である。

第5章 市場需要曲線

　本章では個別需要曲線から市場需要曲線の導出と，需要曲線がシフトする状況について勉強します。前章で導出した個別需要曲線は個人の需要を表す曲線でした。それらをまとめて，市場全体の需要を1つの曲線で描き，分析に使います。また，背景にある状況が変わると，需要曲線が描かれる位置が変わります。

キーワード　　市場需要曲線，　需要の価格弾力性，　弾力的，　奢侈品，　非弾力的，必需品，　需要の所得弾力性，　需要の他価格弾力性

5.1　個別需要曲線と市場需要曲線 ·····························

■ 個別需要曲線と市場需要曲線

　前章で学んだ内容によると，消費者は，予算制約の下で効用を最大化するように消費量を決定しています。経済には多くの個人が存在し，それぞれが効用最大化を行っていると考えられています。そして，1種類の財について，多くの消費者の行動が合計されていきます。

　ある財の需要とは，その財の価格が与えられた下で，消費者がいくつを需要するかを表します。なお，需要という言葉は，一般的には商品を欲しいという思いや，その購入量という意味で使われることがありますが，経済学では前述の通りです。

　市場とは，財・サービスが取引される場を指す専門用語です。市場では財の供給量と需要量の関係で価格がつき，取引が成立しています。

　市場需要曲線は，個別需要曲線を合計して得られます。理論上は，市場にいる全ての需要者の需要量を合計して導出されます。実際のデータを計算するのではなく，そのように考えるのです。ここでは理解を深めるために，あ

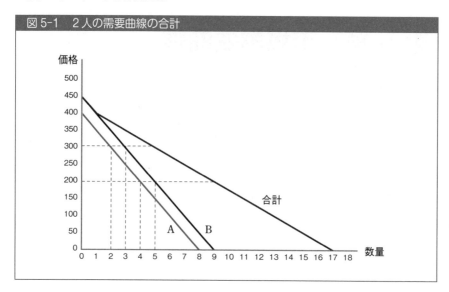

図5-1 2人の需要曲線の合計

えて2人の需要量の合計を計算してみましょう。この考えを市場全体へ広げていきます。

　個別需要曲線は，効用最大化として導かれた，価格に対する需要量を表しています。ここでは消費者は価格を決めるほどの力を持たないと考え，価格は与えられた値とします。しかし，購入量は，各個人が決めることができます。需要曲線は，縦軸を価格，横軸を数量として，通常は右下がりで描かれます。

　図5-1にはAさんとBさんの需要曲線が描かれています。個別需要曲線は，ある価格に対してAさんとBさんがそれぞれ購入しようと考える量です。それぞれが効用最大化によって購入量を決めているので，同じ価格に対して異なる量が示されていても，何も不思議なことではありません。なお，ここでは簡単化のために直線で描いていますが，通常は曲線とします。

　2人の需要量を合計した需要曲線を導出しましょう。仮に価格が200円とします。この価格での需要量は，Aさんは4個，Bさんは5個です。2人の

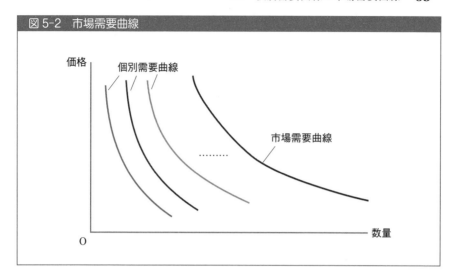

図5-2 市場需要曲線

需要量を足すと9個です。もしも価格が300円に変わったとします。すると，需要量は，Aさんは2個，Bさんは3個ですので，合計で5個です。同様に考えて，あらゆる価格に対する2人の需要量を合計していきます。このようにして導出された2人合計の需要曲線が，図5-1で「合計」と書かれた線です。

　市場需要曲線の導出について，基本的な考え方は，2人の需要量を合計することと同じ操作を市場全体に行います。ただし，市場にはとても多くの消費者が存在していますので，実際に全ての消費者の需要量を合計することは困難です。実際にデータを取り出すのではなく，考え方として理解しましょう。

　市場需要曲線は，多くの人の需要量が足し合わされています。すると，その中の1人の需要曲線は，大勢の中の1人分なので，影響力は小さくなります。個別需要曲線は右下がりの曲線なので，それを合計した市場需要曲線の形状は，通常は右下がりの曲線です。図5-2では市場需要曲線のイメージとして，個人の需要曲線を合計しています。

問題1 次の表は，価格と，その価格に対するある2人の需要量がまとめられている。それぞれの需要量を表す線と，2人の需要量を合計した需要曲線を描きなさい。

価格	50	100	150	200	250
Aさんの需要量	4	3	2	1	0
Bさんの需要量	6	4	2	0	0

5.2 需要曲線のシフト ·····················

■ 需要曲線がシフトする要因

　ある財の需要曲線は，他の財の価格や予算が変わらない中で，その財の価格変化と需要量の関係として導出しました。言い方を変えれば，他の財の価格が変わると，需要量が変わる可能性があります。また，所得が変わることで予算が変わると，それに合わせて需要量が変わることがあります。その他の要因が需要量に影響を与えることがあり，需要曲線が描かれる場所が変わります。本節では，いくつかの要因による需要曲線のシフトを見ていきます。

■ 所得水準の変化

　前章で見た通り，個人は予算制約の下で効用最大化行動をとっています。予算が増えると，最適消費点が変わるため，その財の価格そのものは変化していなくても，需要量が増える効果あるいは減る効果が現れます。

　所得が増えると需要量が増える財があります。その財の価格が変わっていなくても需要量が増えるのですから，まるで需要曲線が，量が多い右の方向へ動くように見えます。したがって，右へシフトする，と表現します。図5-3左図のA線からB線への変化です。

　一方で，所得が増えることで需要量が減る財もあります。すると，需要曲線は元の位置から左へ移動するように変化します。図5-3右図のC線からD線へ，左へシフトします。

　上級財と下級財の関係を思い出しましょう。上級財の場合，所得が増える

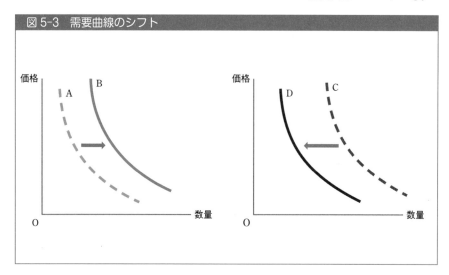

図 5-3 需要曲線のシフト

と需要曲線は右へシフトします。下級財はその逆で，所得が増加すると需要曲線は左へシフトします。なお，所得が減ると，これとは反対に動きます。

問題 2　ある財は，所得が増えたときに，その需要量が増えたとする。この財は上級財と下級財のどちらか。また，その場合に需要曲線はどのように変化するか。

■ 他の財の価格変化

　他の財の価格が変化することにより，その財の価格が変化していなくとも，その財の需要量が変化することがあります。このとき，その財の価格と需要量の関係が変わりますので，需要曲線がシフトします。

　需要曲線がシフトする方向は，それら 2 財の関係によって異なります。代替財と補完財の関係を思い出しましょう。代替財の場合には，他の財の価格が上昇して他の財の需要量が減少した際に，その財の需要量が増えます。その財の価格はそのままであっても需要量が増えるのですから，需要曲線が右へシフトします。

　その 2 財が補完関係にあれば，他の財の価格が上昇して，他の財の需要量

が下落したとき，その財の需要量は下落します。すると，その財ではあらゆる価格に対して需要量が減ると考えられるため，需要曲線は量が少ない方向，すなわち左へシフトします。

　ここまでは他の財の価格上昇として説明しました。反対に他の財の価格下落がきっかけであれば，ここまでの説明とは反対になります。価格変化方向や財の関係など，話の流れを把握しましょう。

問題3　ある財Aの価格が下落したとき，別の財Bの需要量が増えたとする。これらの財はどのような関係にあるか。また，財Bの需要曲線はどちらへシフトするか答えなさい。

■ その他の要因による需要曲線のシフト

　需要曲線がシフトする要因は，所得や他の財の価格だけではありません。例えば，天候も要因の一つになるでしょう。夏に暑い日が続くときには，冷たいアイスや清涼飲料水に対する需要量が増えます。すると需要曲線は，需要量が多い右方向へシフトします。これは嗜好の変化の一つです。嗜好とは，消費者の好みを表す言葉です。

　私たちが暮らす経済の中では，様々な要因によって需要量が変わることがあります。その財の価格変化ではない何かの理由で，ある財の需要量が多くなると，グラフで考えると，需要曲線が，需要量が多い右の方向へシフトします。

　一方で，需要曲線が左へシフトすることもあります。一時的なブームで需要曲線が右へシフトした後，そのブームが去ると，需要曲線は需要量が少ない左方向へシフトします。

　ここでは需要曲線がシフトする要因とシフトする方向を説明しました。需要曲線がシフトした結果として，需要と供給のバランスをとる価格が変化し，市場で取引される量が変わります。詳しくは第9章で説明します。

問題 4 需要曲線をシフトさせる要因の一つとして将来に対する期待の変化がある。なお, 期待は英語の Expect であり, 予測するという意味を持つ。期待の変化に伴う需要量の変化の一つに, 消費税率上昇前の駆け込み需要がある。消費税率の上昇が予定された日より前には, 税率が低いうちに購入しようとする消費者がいる。この場合には, 需要曲線はどのように変化するか。また, 税率が上昇した後には反動で需要量が元に戻ることが指摘されている。このときの需要曲線の変化はどのように表現できるか。

■ 需要曲線のシフトと需要曲線上の変化の区別

　ここまで説明してきた需要曲線のシフトと, 需要曲線上の変化を, はっきり区別しましょう。需要曲線には, 価格に応じた需要量が描かれていました。仮にその財の価格が安くなったとすると, その財の需要量は増えます。これはあらかじめ需要曲線に描かれている関係です。

　一方で需要曲線のシフトで描かれているのは, その財の価格と需要量の関係そのものの変化です。そして変化を起こす要因が, 所得や他の財の価格等, 当該財の需要量と価格の関係とは別のところにあります。

問題 5 次の（1）から（3）は,（A）需要曲線上の変化,（B）需要曲線のシフト, のどちらに当てはまるか答えなさい。
　（1）健康に良いという話が広まったため, ある食品の需要量が増えた。
　（2）売れ残りのお惣菜に値引きシールが貼られると, 次々と売れていく。
　（3）ある財が近い将来に品薄になるという情報があり, その前に入手しようとして一時的に需要量が増えた。

5.3 　需要の価格弾力性 ·······························

■ 需要の価格弾力性

　需要の価格弾力性とは, 価格変化率に対する需要変化率を表します。いわば反応の大きさを表します。

　まず価格変化率と需要変化率を求めます。どちらも次の式を使うことで変

化率を計算できます。

$$変化率＝\frac{変化後の値－変化前の値}{変化前の値} \times 100$$

　もしも 100 円から 120 円へ値上げしたのであれば，変化後の値として 120，変化前の値として 100 を入れると，価格変化率は 20％です（(20÷100)×100）。

　需要量が 500 個から 450 個へ減ったのであれば，変化後の値として 450，変化前の値として 500 を入れます。需要変化率は－10％です（(－50÷500)×100）。10％の減少として解釈できます。マイナスの符号は減少を意味します。このように変化率は，元の値を基準として何％変化したのかを表します。

　変化率は％で表示されます。変化額や変化量はその大きさによって解釈が異なりますが，変化率にすることで数値の大小による影響を避けられます。例えば 20 円の値上げとしても，100 円から 120 円への値上げと，1,000 円から 1,020 円への値上げでは，その値上げのインパクトは異なります。

　変化前の数値に対する変化の大きさですから，先の例のようにマイナスになることもあれば，100％を超えることもあります。仮に（現実に起こることは稀ですが）100 円から 250 円へ価格が上昇したのであれば，変化後の値が 250，変化前の値が 100 なので，変化率は 150％です（(150÷100)×100）。なお，参考として価格が 2 倍になると 100％です。

　需要の価格弾力性は，次の通りに定義されます。

$$需要の価格弾力性＝-\frac{需要変化率}{価格変化率}$$

需要の価格弾力性は，価格変化率に対する需要変化率に，マイナスをかけたものです。先の 100 円から 120 円への値上げの数値例では，

$$需要の価格弾力性 = -\frac{-10}{20}$$

です。需要の価格弾力性は，0.5 です。単位はありません。

さて，需要の価格弾力性の計算ではマイナスをかけたので，結果がプラスになります。価格変化に対する需要量の変化は，通常の場合，異なる符号になります。この例のように価格が上昇して価格変化率がプラスであると，需要量は減少するので需要変化率はマイナスです。反対に価格が下落して価格変化率がマイナスのとき，需要量は増えますから需要変化率はプラスです。どちらにしても，全体にマイナスをかけて結果をプラスにします。

需要の価格弾力性は，その値がちょうど1であれば，価格変化率に対して同じだけ需要量が変化しています。これを境にして，1より大きければ，価格変化率に対して需要量の変化率が大きいので，需要の価格弾力性が高い，あるいは，この財は価格に対して弾力的である，と言います。一般的には奢侈品（ぜいたく品）が該当します。

一方で需要の価格弾力性が1よりも小さければ，価格変化率に対して需要変化率が小さい，いわば反応が小さい財です。需要の価格弾力性が低い，あるいは，この財は価格に対して非弾力的である，と言います。一般的には必需品が該当します。

ただし，需要の価格弾力性は，1本の需要曲線の中でも，測る位置によって異なることに注意しましょう。図5-4のような需要曲線 D を想定すると，価格が高い A 点では曲線が縦に近い形状であり，価格変化に対して需要量の変化は相対的に小さいです。すなわち，需要は価格に対して非弾力的になります。一方で価格が低い B 点では，需要曲線は横に近い形状で，需要は価格に対して弾力的です。

需要の価格弾力性は，仮に需要曲線が直線であったとしても一定ではありません（図5-5）。仮に価格が800円から801円へ，需要量が200個から199個へ変化したとき，需要の価格弾力性は4です。価格が200円から201円へ，需要量が800個から799個へ変化したときの需要の価格弾力性は0.25です。需要の価格弾力性は，中点よりも上の点では1より大きく，中点でちょうど1になり，中点より下の点では1より小さくなることが知られています。

図5-4 需要の価格弾力性

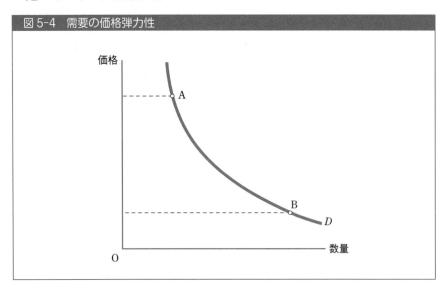

図5-5 需要の価格弾力性

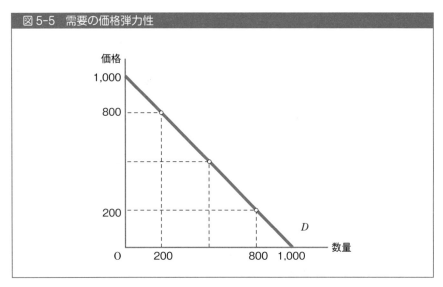

問題6 次の数値例で需要の価格弾力性を求めなさい。また，この財は需要に対して弾力的か非弾力的か答えなさい。

価格が400円から420円へ変化した。このとき，需要量は24個から21個へ変化した。

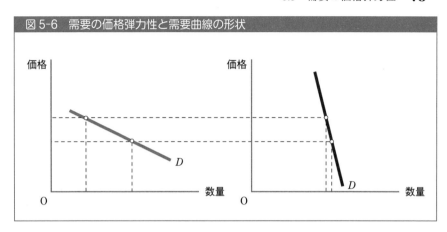

図5-6　需要の価格弾力性と需要曲線の形状

■ 需要の価格弾力性と需要曲線の形状の関係

　価格弾力的な財と非弾力的な財の需要曲線を，比較のために左右に並べて表します。図5-6では，価格変化を表す2本の破線を書き入れています。下の破線の価格から上の破線の価格へと値上げされたと考えましょう。

　左のグラフでは，値上げに対して横軸で表される需要量の変化幅が大きいです。一方で，右のグラフでは，需要量の変化が小さいです。同じ価格変化率に対して弾力性が異なります。

　左の弾力的な需要曲線は，価格の変化に対して敏感に反応する財の需要曲線です。奢侈品が該当します。例えば趣味の品が当てはまります。安くなったときに多く購入する一方，高いときには購入を控えても，生活に困らないのです。音楽の購入や，映画を観る，カラオケをする，などが当てはまるでしょう。

　右の非弾力的な需要曲線は，価格が高くなっても需要量は少ししか減りません。また，価格が安くなったときに需要量は増えるものの，その増える程度は少ないです。この特徴は必需品の需要曲線と一致します。野菜をはじめとする生鮮食品は，その一つです。例えばキャベツが安いからと言ってそればかり食べるのではありませんが，一方で高くてもある程度の需要量があります。

問題7 もしも**需要曲線が垂直であれば**，価格弾力性はいくつになるか，答えなさい。

5.4 その他の弾力性 ……………………………………………

■ 需要の所得弾力性

需要の所得弾力性とは，所得変化率に対する，需要変化率として定義されます。

$$需要の所得弾力性 = \frac{需要変化率}{所得変化率}$$

プラス・マイナスの符号を含めて評価します。もしもプラスであれば，所得が増えたときに需要量が増えている，あるいは所得が減少したときに需要量も減少しています。すなわち，上級財であれば，需要の所得弾力性はプラスです。一方，もしもマイナスであれば，所得が増えた（あるいは減少した）ときに需要量が減少した（あるいは増加した），すなわち，下級財であれば，需要の所得弾力性はマイナスです。

仮に所得が1%上昇したときに需要量が2%増えたのであれば，需要の所得弾力性は 2 ÷ 1 = 2，です。一方で，所得が1%上昇したときに，ある財の需要量は1.5%減少したのであれば，需要の所得弾力性は，− 1.5 ÷ 1 = − 1.5 です。需要量が減少することは，需要変化率の符号がマイナスです。このため，需要の所得弾力性の値はマイナスになります。需要の所得弾力性の符号がプラスであれば上級財，マイナスであれば下級財として判断できます。

問題8 所得が2%増えたときに，ある財の需要変化率は3%であったとする。この財の需要の所得弾力性を答えなさい。また，この財は上級財と下級財のどちらであるか答えなさい。

■ 他の財の価格変化に対する需要の弾力性

需要の他価格弾力性は，ある財（y財とします）の価格変化に対して，別のある財（x財とします）の需要量がどの程度反応するのかを示します。

$$需要の他価格弾力性＝\frac{x財の需要変化率}{y財の価格変化率}$$

結果はプラス・マイナスの符号を含めて評価します。もしもプラスであれば，y財の価格変化率に対するx財の需要変化率がプラスですから，y財の価格が高くなりy財の需要量が減少したときにx財の需要量が増えています。x財はy財の代わりに消費されると分かります。一方，この値がマイナスであれば，y財の需要量減少に伴ってx財の需要量が減っているのです。このような場合，2財は一緒に消費される性質を持ちます。

問題9　ある財の価格変化率が2%のとき，別のある財の需要変化率が4%であったとする。この場合の需要の他価格弾力性を計算しなさい。

章末問題

1. 次の空欄に当てはまる言葉を答えなさい。
   市場需要曲線は，　(1)　の価格に対する数量を，市場全体について
   　(2)　した線である。

2. 次の設定で，需要の価格弾力性を計算しなさい。価格が 2,000 円から 2,200 円へ
   上昇したとき，需要量が 50 から 40 へ減少した。

3. 需要の価格弾力性が 1 より小さい財は一般的に，必需品と奢侈品のどちらか答え
   なさい。

4. コーヒーの価格が上昇した際に，紅茶の需要曲線はどのように変化すると考えら
   れるか。次の 3 つの選択肢から選びなさい。なお，本問ではコーヒーと紅茶は代
   替関係にあると仮定する。
   (1) 右へシフトする
   (2) 左へシフトする
   (3) 変わらない

5. 需要曲線の所得弾力性が 2 であったとする。この財は上級財と下級財のどちらか。

6. 所得が減少して財の消費に使用できる予算が減ったときに，ある財の需要量が
   減ったとする。この財は上級財と下級財のどちらか。

● 項末問題解答

問題 1

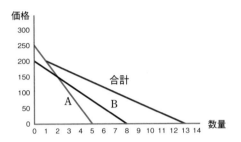

問題 2　上級財，右へシフトする。

問題 3　補完関係にある。財 B の需要曲線は右へシフトする。

問題 4　駆け込み需要で需要曲線が右へシフトし，反動によって需要曲線は左へシフトする。

問題 5　(1) B，(2) A，(3) B

問題 6　価格変化率が 5%，需要変化率が − 12.5%，需要の価格弾力性は 2.5。この財は需要に対して弾力的である。

問題 7　需要曲線が垂直であると，価格が変化しても，需要量は変化しない。このため，需要の価格弾力性は 0 である。

問題 8　需要の所得弾力性は 1.5 である。この財は上級財である。

問題 9　2

第6章　生産の理論

　本章では生産活動を分析します。企業は経済主体の一つであり，収入から費用を引いた利潤を最大にするように，生産要素を取り入れ，生産活動をしています。本章では完全競争市場における供給者の生産活動を見ていき，続く次章では利潤最大化行動について勉強します。

キーワード　　生産要素，　生産物，　生産曲線，　生産可能領域，　限界生産物，等量曲線，　技術的限界代替率，　収穫逓減，　等費用線，　費用最小化点，　総費用曲線

6.1　企業の行動 ···

■ 企業の行動

　企業の生産活動を経済学の視点から分析します。いくつかの仮定があります。まず，完全競争市場の仮定の下では，企業は価格についてプライステイカーと考えます。すなわち，企業は価格を決める力を持ちません。また，本節では簡単化のために生産する財は1種類とします。

　生産には原材料や，労働，資本，土地等の生産要素が使われます。例えばパンを製造する企業であれば，労働力，建物やオーブン等を使い，原材料である小麦粉やイースト，塩などでパンを作ります。これらに費用がかかります。

　企業は，生産した財・サービスを市場で販売します。これを生産物と呼びます。その価格は市場でつきます。生産者である企業が価格を自由に操ることはできません。一方，生産量は生産者の判断で決めることができます。

　なお，ここでは生産者と供給者を同じ意味で用います。途中段階を考慮に

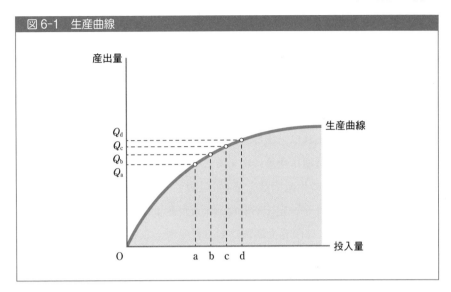

図 6-1　生産曲線

入れずに分析します。

■ 生産曲線

　生産要素投入量と生産物産出量の関係を表す曲線は，生産曲線です。これを図示したものが図 6-1 です。

　図 6-1 は生産要素のインプットに対する生産物のアウトプットの関係を表しています。横軸は生産要素の投入量，縦軸は産出量です。ここでは簡単化のために生産要素は 1 つとします。例えば労働を投入していると考えれば，働く人数あるいは時間で測ることができます。この曲線の下側は生産可能領域です。その領域内の点の関係は実現できます。その中で，ある量のアウトプットを最小のインプットで生産できるのは，この曲線上の関係です。

　図 6-1 で a から b へ投入量を 1 単位だけ増やしたとします。そのとき産出量は Q_a から Q_b へ増えています。このように，他の生産要素投入量を一定とした下で，ある生産要素投入量を 1 単位増やしたときの生産物の増加量を限界生産物（あるいは限界生産性）と言います。

同様にcからdへ1単位だけ増やしたとき，産出量は Q_c から Q_d へ増えています。しかし Q_a から Q_b への変化と比較すると，小さな変化です。すなわち，限界生産物は少なくなっています。このように，他の投入物は一定として，生産要素を増やすにつれて限界生産物が次第に減少することを限界生産性逓減の法則と言います。また，生産要素投入量が増えるにつれて限界生産物が増えるのであれば，限界生産性逓増の法則と言います。なお，逓減は次第に減ること，逓増は次第に増えることを意味する言葉です。

　例として，図6-1の生産関数を基本として，パン屋さんの労働者数で考えましょう。他の条件が一定であれば，3人から4人へ，あるいは4人から5人へと増えたときには限界生産物はある程度増えるでしょう。しかし，建物やオーブンの数が変わらない中で，労働者を仮に15人から16人へ増やすなど，既に多い人数を雇用している状態から1人を増やしたところで，限界生産物はプラスであるものの小さいものでしかありません。

問題1　限界生産性逓増の法則の下での生産曲線を描きなさい。

6.2　等量曲線と等費用線 ···

■ 等量曲線

　続いて，2つの生産要素を使って1つの財を生産する企業を考えます。同じ量を生産するとしても，生産要素の投入量には異なる組み合わせがあります。同じ生産量を産出できる生産要素の組み合わせを表す曲線が等量曲線です。

　図6-2は，ある一定量の生産量を産出するための，2つの生産要素（X_1 と X_2）の組み合わせを表す等量曲線です。例えば労働と資本と考えられます。これら2つの生産要素は，その投入量を企業が変えることが可能と考えます。1本の曲線上の点は，ある一定量を生産する生産要素の組み合わせを示します。例えば，A点では X_1 は少なく X_2 は多いです。B点では反対に X_1 は多

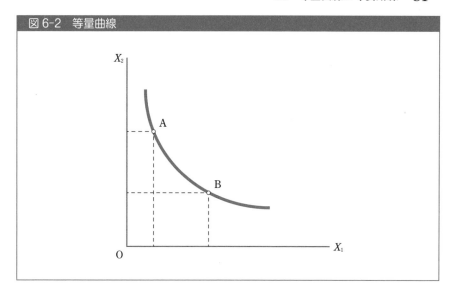

図 6-2　等量曲線

く X_2 は少ないです。いずれにしても同じ量を生産します。

　等量曲線は右下がりに描かれます。一つの生産要素が少なくても，他方の生産要素が多ければ，同じ量を生産できると考えます。また，等量曲線は原点に対して凸の形状をします。A 点のように X_1 が少ない状況では，少しだけ X_1 が増えるだけでも大きな効果を持つので，X_2 が大幅に減ったとしても同じ量を生産できると考えます。他の点でも同様に考えることができ，原点に対して凸の形状が導かれます。なお，等量曲線の傾きの絶対値は，技術的限界代替率と呼ばれます。ただし，等量曲線のこの形状は代表的な形状であって，他の形状もあります。

　図 6-2 には 1 本だけの等量曲線を描きましたが，この曲線とは別のある生産量に対する等量曲線は，これとは別の曲線が描かれます。通常は 2 つの生産要素の両方あるいは一方が多くなれば，より多くの生産が行えます。したがって，図の右上へ行くほど，多くの生産量に対応します。

　図 6-3 は，それぞれ異なる生産量に対する，複数の等量曲線が描かれています。例えば曲線 Y_1 は生産量が 100 個の等量曲線，Y_2 は 200 個に対する

図 6-3 等量曲線（複数）

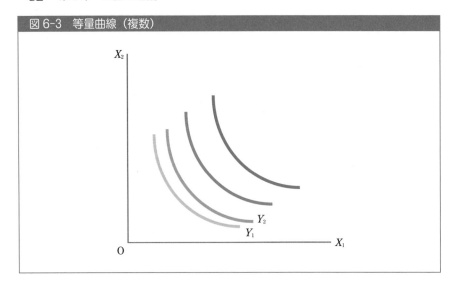

等量曲線という具合に，100 個ずつ増えていると仮定します。このように，等量曲線は，特定の生産量に対応しています。等量曲線は生産量に対応しており，数値的解釈による比較ができる性質を持つため，基数的であると言います。ちなみに量ではなく大小関係など相対的な順番の比較のみできる性質のことを，序数的であると言います（例として個人の効用があげられます）。

ここでは 4 本だけを示していますが，それぞれの産出量に対して数多くの線が描かれます。X_1 と X_2 の組み合わせの全ての点を通る等量曲線があります。

図 6-3 は，等量曲線の間隔が，右上に向かって次第に広くなっています。生産量が一定程度増えるために必要とされる生産要素が，次第に多く必要とされています。すなわち，収穫逓減を表しています。

問題 2　次の 2 つの図はどちらも等量曲線を描いている。それぞれの曲線は，一定の生産量の増加に対応すると仮定する。この 2 つのうち，収穫逓増を表すのはどちらであるか，答えなさい。

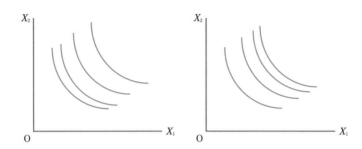

■ 等費用線

　2 つの生産要素を使って生産するときの費用を考えます。生産要素価格はそれぞれの市場で決まりますので，それを使用する企業は決めることができません。しかし生産要素をいくつずつ使用するのかは判断できます。ここで，ある一定の費用となる，2 つの生産要素投入量の組み合わせを表す等費用線を描きます。

　2 つの生産要素，X_1 と X_2 があるとします。例えば，生産要素 X_1 の 1 単位あたりの価格が 1,000 円，X_2 の 1 単位あたりの価格が 5,000 円で，総費用が 20,000 円になるとします。この関係は次式で表されます。

$$20000 = 1000X_1 + 5000X_2$$

これを X_2 について変形しましょう。

$$X_2 = -0.2X_1 + 4$$

この式の変形によって得られた傾きの値 -0.2 は，X_1 の価格（1,000）を X_2 の価格（5,000）で割った値にマイナスがついた値です。すなわち，等費用線の傾きは生産要素価格比と等しいのです。また，切片の 4 は費用（20,000）を X_2 の価格（5,000）で割った値と等しいです。

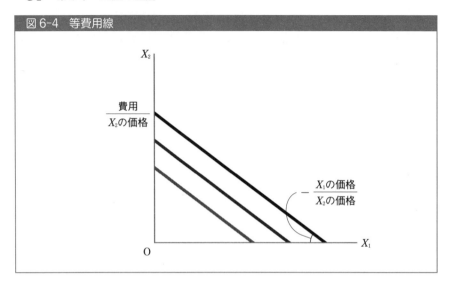

図6-4　等費用線

　等費用線は，要素価格と費用が固定されている下で1本だけが描かれます。ただし，要素価格や費用が異なれば，異なる線が描かれます。仮に生産要素投入量を増やすと総費用が多くなりますが，傾きの生産要素価格比が一定であれば，同じ傾きを持つ平行な線として，新たな線が描かれます。図6-4には3本の平行な直線が描かれています。外側ほど費用が多くかかり，原点に近いほど費用が安いのが分かります。

問題3　生産要素 X_1 の1単位あたりの費用が1,000円，X_2 の1単位あたりの費用が5,000円で，総費用が40,000円のときの等費用線を描きなさい。また，この線を表す式と，本文中の式を比較しなさい。

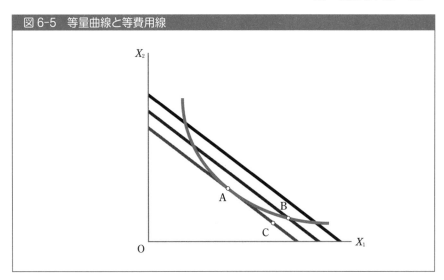

図6-5 等量曲線と等費用線

6.3 費用最小化 ……………………………………………

■ 費用最小化

　等費用線と等量曲線を使って，生産者の行動を見ていきましょう。生産者にとっては，同じ量を生産するのであれば，費用を安く抑えたいと考えます。これは生産量の制約下における費用最小化です。それを実現する，生産要素投入量を決定します。

　図6-5には1本の等量曲線と複数本の等費用線が描かれています。特定のある量を生産する計画であれば，その量を表す1本の等量曲線があります。一方，その生産量を実現するための費用の可能性は複数あるので，等費用線は複数本が描かれています。ここでは3本だけの等費用線を描いていますが，さらに他の等費用線が描かれる可能性もあります。生産者は，この中から一定の生産量を維持しつつ費用が最小となる状況を選びます。

　図6-5では，等量曲線と等費用線が1点で接するA点が選ばれます。等量曲線上にあり，かつ等費用線は費用が少ない左下に位置するからです。

なお，B点は同じ量を生産できるものの，費用が多くかかるために，選ばれません。C点はA点と同じ費用がかかりますが，A点が通る等量曲線よりも下，すなわち少ない量しか生産できません。このように考えると，等量曲線と等費用線の接点であるA点が選ばれます。A点は，一定の量を生産する中で費用を最小にする点で，費用最小化点と呼ばれます。

費用最小化点では，等量曲線と，等費用線の傾きが一致します。したがって，等量曲線の傾きの絶対値である技術的限界代替率が，等費用線の傾きの絶対値である生産要素価格比と等しくなっています。反対に言えば，これが成立しない状況であれば，さらに費用を減らすことができるのです。

問題4　次の文の中から，費用最小化点に関する記述として妥当な選択肢を1つ選びなさい。

(1)　費用最小化点の費用はあらゆる生産量に対して最も少ない費用を表している。

(2)　費用最小化点は同じ費用をかける中で平均的な生産量を表している点である。

(3)　費用最小化点で等量曲線の傾きの絶対値は生産要素価格比と等しくなる。

■ 総費用曲線の導出

ある水準の生産量の下で費用を最小にする費用最小化点は，生産量の変化とともに変わります。図6-6には複数本の等量曲線が描かれています。右上に位置する線ほど，多くの生産量に対応しています。

それぞれの等量曲線に接する等費用線が1本ずつ描かれています。等費用線の傾きは生産要素価格比ですが，これは生産量の変化の影響を受けずに一定です。すなわち，これらの線は同じ傾きを持ちます。なお，生産量の増加に合わせて生産要素の投入量を増やしますので，総費用は増えます。したがって，等費用線は同じ傾きを持ったまま，外側へ移動していきます。

図6-6には，最小費用点をつなぐ線が書き入れられています。ここでは3点だけですが，その間や左下，右上など，無数の点を結んでいます。この線上のそれぞれの点は，ある生産量と，その生産量を産出する際に必要とされる最小費用の関係です。ここで表される生産量と費用を，別のグラフに書き

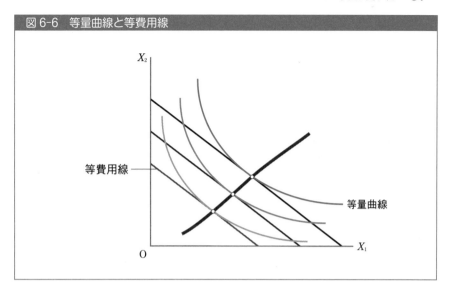

図 6-6 等量曲線と等費用線

出したものが，総費用曲線です。

　図 6-7 は総費用曲線です。縦軸は総費用，横軸は生産量です。各生産量に対して最小の費用が描かれています。

　総費用曲線は右上がりの曲線です。生産量が増えるにつれて，総費用は高くなります。総費用曲線は図 6-7 で曲がって描かれています。生産量が少ないところで曲線が上へ膨らみますが，生産量が増えるにしたがって，総費用は増えるものの，増える程度が緩やかになります。そして，さらに生産量が増えると，総費用曲線は急な傾きをもって変化すると考えられています。なお，総費用曲線は生産量が 0 に対して総費用は 0 ではありません。これは固定費用といって，生産量に関係なく一定額がかかるからです。詳しくは次章で勉強します。

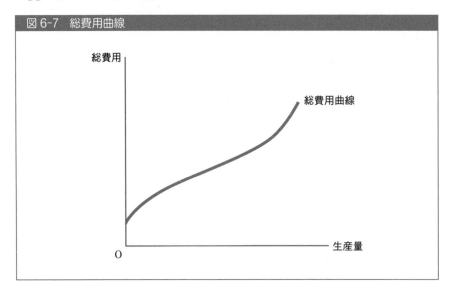

図6-7 総費用曲線

問題5 図6-7で，生産量が多いときには総費用曲線が上へ向かって曲がって描かれている。この状況を説明した文として妥当な選択肢を1つ選びなさい。

(1) 生産量を増やすとき，費用の増額が大きい。

(2) 生産量を増やすとき，費用の増額が小さい。

(3) 生産量を増やすとき，費用の増額は固定されている。

章末問題

1. ある企業が 2 つの生産要素 X_1 と X_2 を用いて生産活動を行っている。図には等費用線と等量曲線が示されている。この企業が一定の生産量を産出するために費用が最小になる生産要素の組み合わせを選ぶとする。この行為に一致するのは図中のどの点か，記号で答えなさい。

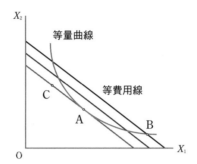

2. 等費用線の傾きの絶対値は何と等しいか答えなさい。

3. ある企業は 2 つの生産要素 X_1 と X_2 を用いて生産活動を行っている。X_1 の価格が 5,000 円，X_2 の価格が 4,000 円とする。費用の合計額が 50,000 円であるとき，等費用線をグラフに書きなさい。また，その線の式を答えなさい。

4. 等量曲線は 1 本ずつ，ある生産量に対応している。この性質は基数的と序数的のどちらであるか。

● **項末問題解答**

問題 1

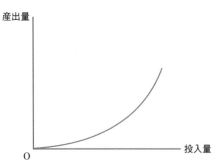

問題 2　右の図である。

問題 3　図は下記の通りである。式は $X_2 = -0.2X_1 + 8$。問題文中の式と比較すると，傾きは同じで，切片が 8 へ増えている。

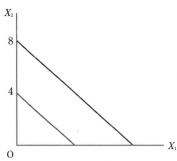

問題 4　(3)

問題 5　(1)

第7章 利潤最大化

本章は生産の理論の中心となる，利潤最大化について勉強します。利潤の定義から始めて，利潤が最大になる条件を導出します。このために収入と費用についても勉強します。

キーワード 利潤， 総収入， 総収入線， 総費用， 固定費用， 可変費用， 総費用曲線， 限界収入， 限界費用， 利潤最大化

7.1 生産と利潤

■ 生 産

本章では利潤最大化を勉強します。生産者（供給者）は，ある財を生産して市場へ供給しています。企業を想定することが多いですが，必ずしも企業とは限りません。例えば野菜農家や，個人経営のカフェ等，いわゆる企業ではなくとも，それぞれ生産者ですが，ここでは企業を中心として考えます。また，ここでは生産者が一般的な財・サービスを生産して供給する仕組みを考えます。

なお，物流や中間卸等は省略して考えます。したがって，財を生産する企業は，それを市場で売り，収入を得ると考えます。途中の費用は省略します。

また，完全競争市場を想定して，同質の財・サービスの生産者が市場に多くいることを想定します[1]。いわばライバルの生産者が多数いる状況です。その財の需要者も市場には十分に多くいます。

本章の範囲では，生産者は価格を決める力を持ちません。価格は取引の中

---

[1] 独占企業は該当しません。第12章で説明します。

で決まります。経済学らしく表現するのであれば，価格は市場が決めます。逆に生産者が価格を決めることができると仮定すると，矛盾があることに気が付くでしょう。もしもある一つの生産者が価格を高く設定したら，同質の財・サービスを安く供給する他の生産者の財を，需要者は選ぶでしょう。反対に価格を低く設定することは，この後に説明する利潤最大化に合わないでしょう。すなわち，価格は市場取引の中で決まります。なお市場での取引の仕組みについては，詳しくは第 9 章で説明します。

　なお，ここでは生産者は価格を決めることができない，と理解してください。では，生産者は何を決めることができるのでしょうか。費用や価格が与えられた下で，生産する財の生産量を決めることができます。本章では利潤，総収入，そして総費用について勉強して，生産の仕組みを見ていきます。

■ 利 潤

　生産者は，生産要素を使って，財・サービスを生産しています。ただし，生産には費用がかかります。収入と費用の差額を，生産者は受け取ることができるのです。これは利潤と呼ばれます。

　経済学では，生産者は利潤を最大にするように行動する，と考えられています。利潤は，総収入と総費用の差額として，次の通りに定義されます。

利潤＝総収入－総費用

　利潤を最大にするには，総収入を高めるだけではなく，また，総費用を低くするだけではなく，それらのバランスによって差額が最大になればよいのです。利潤最大化を勉強するために，まず総収入を勉強し，続いて総費用を勉強します。

　ところで，「コスト削減」という表現を聞くことがあると思います。コスト削減と利潤最大化は，どのような関係にあるでしょうか。コストは費用です。仮にコスト削減を目標にして行動しても，それに見合って総収入が少なければ，利潤が少なくなることもあるでしょう。前章で勉強したように，一

定量を産出する中では費用を最小に抑えつつ，利潤を最大にする生産量を選ぶのです。

問題1 企業の生産行動の説明として妥当な文を1つ選びなさい。
  (1) 企業はコスト削減を目指して生産活動を行う。
  (2) 企業は収入を増やすことを目指して生産活動を行う。
  (3) 企業は利潤最大化を目指して生産活動を行う。

7.2 総収入 ....

■ 総収入

利潤を考えるために，総収入と総費用をそれぞれ見ていきましょう。最初に総収入です。まずは数値を入れて考えましょう。仮に，ある財の市場価格が100円であるとします。生産量が100個であれば，総収入は100円×100個，すなわち10,000円です。同様に考えて，生産量が1,000個であれば，総収入は10万円，2,000個であれば20万円という具合に，価格と生産量を掛け合わせることで，総収入が分かります。これを描いたものが図7-1です。

図7-1は，縦軸が総収入，横軸が生産量で総収入線が直線で描かれています。総収入＝価格×生産量です。1次関数 $y = ax + b$ に当てはめてみると，y は総収入，傾き a は価格，x は生産量です。なお，切片 b はゼロです。なぜなら，もしも生産量＝0であれば，総収入＝0であるからです。

ところで，生産者は価格を左右する力を持っていないと考えていました。市場には同質の財を生産する生産者が多数あり，互いに競争しています。また，需要者も十分に多くいると考えています。このため，この企業の生産量が多くても少なくても，市場全体への影響はほとんどなく，生産された財の価格は変わりません。

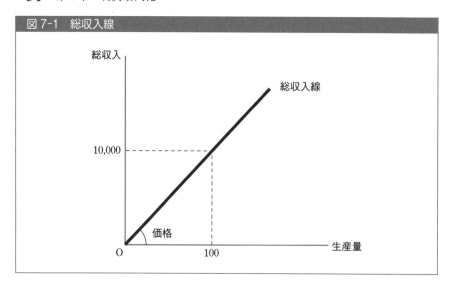

図 7-1　総収入線

総収入

総収入線

10,000

価格

O　　　　100　　　　生産量

問題2　ある企業が生産した財の価格は 500 とする。この企業の総収入線を表す式を答えなさい。なお，総収入を R，生産量を Q とする。

7.3　総費用

■ 固定費用

　生産者は生産要素を投入して財・サービスを生産します。具体的に考えてみましょう。パンを製造して販売することを考えてみますと，原材料として小麦粉やイースト，塩等を使います。また，パンを焼くオーブンがいりますし，電気やガス，水も使います。製造販売に関わる人を雇用するための人件費もかかります。店舗を借りているのであれば家賃がかかります。このように生産にかかる様々な費用をまとめて総費用と呼びます。総費用は固定費用と可変費用の合計として考えます。

　固定費用は，生産量とは関係なく発生する費用です。パン屋さんの例で言うなら家賃や人件費が該当します。仮にパンの製造数を減らしても，短期的

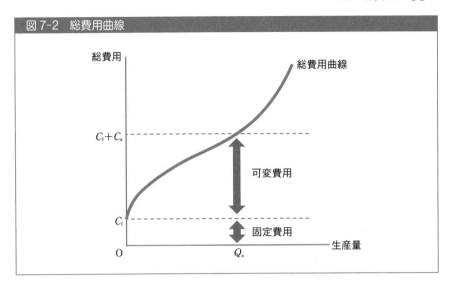

図7-2　総費用曲線

には，これらの費用は，契約に基づいている中で減ることはないでしょう。固定費用は，全ての生産量に対して一定額です。

　図7-2は総費用曲線です。縦軸は総費用，横軸は生産量です。図中の C_f から伸びる水平な破線で表されている高さが固定費用です。生産量に関わらず，一定額なので，このように示されます。

　ここでは短期分析をしていることを確認しておきましょう。短期とは様々な状況が変化しない期間を表していて，長期と区別されます。具体的に何年なら長期などの区切りはありません。

　参考のために説明しますと，長期には全ての費用を可変費用として考えることが可能です。言い換えれば長期には固定費用は存在しません。パン屋さんを例に家賃で考えると，短期であれば家賃は契約の下に固定されています。一方，長期であれば，多くのパンを製造するため広い店舗へ移転するなど，生産量に合わせて家賃が変わります。すなわち長期には固定費用が存在しないとして解釈できます。

問題 3　パン屋さんを想定し，次の費用が発生するとする。小麦粉などの原材料，家賃や光熱費等である。この設定の下で固定費用に該当する項目を書き出しなさい。

■ 可変費用

　可変費用は，生産量とともに変化する費用です。先のパン屋さんの例では小麦粉などの原材料が該当します。例えば，生産量が 10 個の場合と 500 個の場合を比較すれば，当然ですが 500 個を生産するためには多くの原材料が必要になりますから，それに応じて多くの費用が発生するのです。このように，可変費用は，生産量が多くなるにつれて，多くかかります。

　図 7-2 では，固定費用の上に積みあがるように可変費用が描かれています。生産量が Q_a のところを見てください。C_f の高さまでの固定費用があり，その上に C_a の高さの可変費用が積みあがっています。これらを合わせた $C_f + C_a$ が総費用です。他の生産量においても，同様にして考えます。横軸の生産量が多くなるにつれて，縦軸の総費用が高くなっていきます。すなわち，右上がりの曲線です。

問題 4　図 7-2 に描かれた可変費用の説明として妥当な文を 1 つ選びなさい。
　（1）　生産量が増えるにしたがって可変費用は一定の割合で増えていく。
　（2）　生産量が増えるにしたがって可変費用は増えるが，その増え方は一定ではない。
　（3）　生産量が増えるにしたがって可変費用の増え具合は次第に増していく。

■ 総費用

　固定費用と可変費用の合計が総費用です。図 7-2 の通り，総費用曲線は右上がりです。生産量が増えるにしたがい，次第に費用が増していきます。

　総費用曲線は図 7-2 のように曲がっていると考えられます。生産量が少ない範囲では，総費用曲線の増え具合はいったん鈍った後に増加します。生産量を増やすにしたがい，費用が増加することは間違いないのですが，その増え具合に変化があるのです。例えば，原材料の仕入れをまとめて単位あた

り安くできることがあります。一方で，生産量がとても多い状況では，総費
用が増加する程度が増します。短期の状況下で目いっぱいに生産している状
況では，さらに生産量を増やすには多くの費用がかかってしまうのです。

問題 5　総費用曲線が縦軸と交わる点は 0 ではない。このことの解釈として妥当な文
を 1 つ選びなさい。
　　(1)　仮に生産量が 0 個であっても固定費用が発生するため。
　　(2)　仮に生産量が 0 個であっても原材料を買い入れるため。
　　(3)　仮に生産量が 0 個であっても可変費用は 0 円ではないため。

7.4　利潤最大化 ···

■ 限界収入と限界費用

　生産者は利潤を最大にするように生産量を選択します。生産した財・サー
ビスの価格は市場で決まります。生産者自身が価格を決めることはできませ
ん。費用についても，その価格は市場で決まります。原材料を例とするので
あれば，小麦粉を買い入れる場面では需要者です。小麦粉価格は市場で決ま
りますので，この点においても価格を決める力は持ち合わせていません。こ
の状況下で，利潤を最大にします。総収入と総費用が分かりましたので，そ
の差額である利潤が最大になる条件を探し出します。

　利潤を最大にする条件の導出を見ていきましょう。それを考えるために必
要な知識として，まず，限界収入と限界費用を勉強します。なお，「限界○○」
の言葉で（○○の中には言葉が入ります）表されるものは，ある何か（ここ
では生産量）がほんの少しだけ変化したとき，注目すべき変数の変化（ここ
では収入あるいは費用）を見ています[2]。

　限界収入とは，生産量がほんの少しだけ変化したときの収入の変化額を表

---

[2]　限界○○という言葉は，数学の微分を使う場面で出てきます。

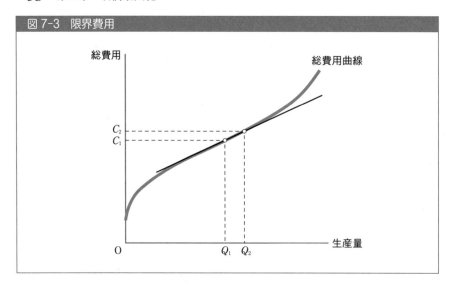

図7-3 限界費用

します。仮に生産者が生産量をほんの少し増やしたとしましょう。このとき
に，収入はいくら増えるでしょうか。極端な例ですが，もしも1個だけ生産
量を増やしたのであれば，その財の価格と等しい金額の収入が増えます。す
なわち限界収入は価格に等しくなります。

　次に，限界費用を定義します。限界費用とは，生産量が1単位変化したと
きの，総費用の変化額を表します。

　図7-3で限界費用を説明します。総費用曲線上の2点を通る線があります。
この2点で生産量は Q_1 から Q_2 へ増えて，対応する総費用は C_1 から C_2 へ
増えています。生産量の増加に対する総費用の増額は，その2点を通る直線
の傾きと等しくなります。

　この2点の距離を短くしていき，生産量の変化幅を狭めて，同じことを考
えてみましょう。すると，究極的には，1点で総費用曲線に接する線が描か
れます。その線の傾きが限界費用です。限界費用は，総費用曲線に1点で接
する接線の傾きと等しいことが分かります。

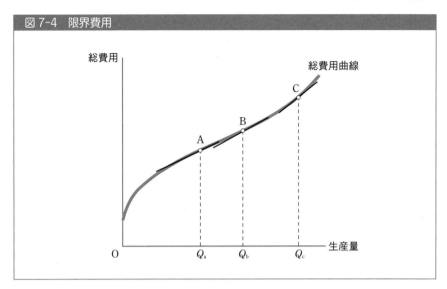

図7-4 限界費用

　図7-4は3つの生産量に対して，総費用上の1点を通る接線が書かれています。生産量が Q_a のとき，総費用曲線の接線にはA点で接します。その点の接線の傾きが限界費用です。生産量が Q_b のときには点Bの接線の傾きが限界費用です。この2つを比較すると，Bを通る接線が急であり，傾きが大きいこと，すなわち限界費用が高いことが分かります。このように生産量が多くなると限界費用が高くなります。さらに生産量が多くて Q_c になると，点Cの接線の傾きである限界費用は，Q_a と Q_b における限界費用よりもさらに高くなっていることが分かります。

　限界費用は生産量によって異なります。生産量が少ないときには限界費用は多いですが，生産量が増えるにしたがって限界費用は一度，低下します。しかし，生産量がとても多くなると，限界費用は多くなります。

　図7-4で分析したように各生産量に対する限界費用が分かります。それを取り出して示した曲線が，図7-5の限界費用曲線です。横軸の生産量に対して，縦軸は限界費用を示します。

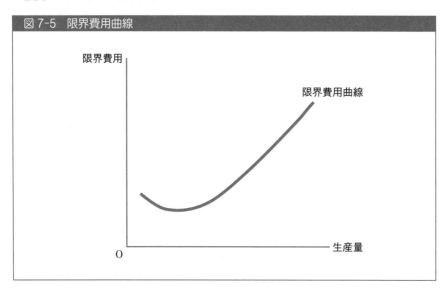

図7-5 限界費用曲線

問題6 限界費用の説明として妥当な文を選択肢から1つ選びなさい。
　(1)　生産量が1単位増えたときに追加的に発生する費用を表す。
　(2)　生産量増加に伴って変化する，原材料費を表す。
　(3)　費用の最高額を表す。

■ 利潤最大化

　生産者は利潤最大化を目指して生産量を調整します。結論を言いますと，利潤が最大になるのは，限界費用と限界収入が等しい生産量の下です。このことを確認するために，この条件が成立していないときには利潤が最大ではないことを確かめましょう。以下では，限界費用が限界収入よりも高い場合と，限界費用が限界収入よりも低い場合に分けて考えます。

　もしも限界費用が限界収入よりも高ければ，生産量を減らすことで，利潤を増やすことができます。生産量を仮に1単位減らすと，限界収入と等しい額の収入が減り，同時に限界費用と等しい額の費用が減ります。このとき，

費用の減額の方が大きいので，結果として利潤が増えます。

数値を入れて考えてみましょう。仮に限界費用が120円，限界収入が100円であれば，生産量を1単位減らすことで，100円の収入が減り，120円の費用が浮くことで，合わせて20円の利潤が増えます。利潤を増やすことが可能ということは，この状況では利潤は最大になっていないのです。

一方で，もしも限界費用が限界収入よりも低いのであれば，生産量を増やすことで利潤が増えます。仮に限界費用が80円で限界収入が100円であれば，1単位の生産量を増やすことで，80円の費用が増えますが，100円の収入が増えるので，20円の利潤が増えます。

このように限界費用と限界収入が等しくない状況では，利潤を増やすことができます。しかし，これらが等しいときには，それ以上には利潤を増やすことができません。言い換えれば，利潤が最大になっているのです。ここまでで，限界費用と限界収入が等しくなる条件で利潤が最大になることが分かりました。また，限界収入は価格と等しいことが分かっています。これらを合わせると，利潤最大化条件は，

　　　限界費用＝価格

であることが分かります。

利潤最大化をグラフで確認しましょう。図7-6は，縦軸に総収入と総費用を表し，横軸に生産量を表します。総収入線と総費用曲線はこれまで別々に書いてきましたが，ここで1つのグラフにまとめます。どちらのグラフも，縦軸は円などの金額表示で共通していますし，横軸は生産量で同じでした。したがって，1つのグラフにまとめることが可能です。

図7-6の生産量 Q_a では，総収入線が上に，総費用曲線が下に位置します。この生産量ではプラスの利潤が発生しています。ここで，利潤最大化の条件「価格＝限界費用」が成り立つことを見てみましょう。価格は総収入線の傾

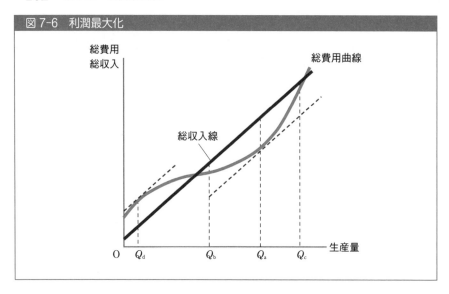

図7-6　利潤最大化

きでした。限界費用は，総費用曲線の接線の傾きでした。これらが等しいという条件は，総収入線と，総費用曲線に引いた接線（紺色の破線）が，平行になっているところです。生産量 Q_a ではその条件が成立しています。利潤は，総収入線と総費用曲線の差です。

　さて，利潤最大化を理解するために，他の生産量では利潤が最大ではないことを見てみましょう。図7-6の供給量 Q_b では，総収入線が上に総費用線が下に位置するので利潤はプラスです。しかし総収入線の傾きと総費用曲線の接線の傾きは，一致しません。図から，総収入線と総費用曲線の差が短いことが見て取れるでしょう。この生産量では，価格の方が大きく，限界費用の方が小さいです。したがって，生産量を増やすことで，利潤を高めることが可能です。

　同様にして，生産量 Q_c においても，総収入線と総費用曲線の差が短く，利潤は最大ではないことが分かります。この生産量では，総費用曲線が上へ向かって急になっています。価格よりも限界費用が高い状況です。したがっ

て，生産量を減らし，利潤を増やすことができます。

さて，供給量 Q_d では，総収入線と総費用曲線の接線の傾きが等しく見えます。しかしこの生産量は，利潤を最大にしません。なぜなら生産量 Q_d では総費用曲線が総収入線よりも上に位置しています。いわゆる赤字の状態です。

問題7 ある財は，価格が200円とする。この生産者の限界費用（Marginal Cost: MC）は $MC = 50 + 2Q$ で表されるとする。利潤を最大にするには，生産量をいくつにすればよいか。

章末問題

1.　固定費用の説明として妥当な文を1つ選びなさい。
    （1）　固定費用は，総費用が少ない範囲では，多額である。
    （2）　固定費用は，総費用のうちで生産量に関係なく一定の額である。
    （3）　固定費用は，短期と長期に存在する。

2.　次の図には，総費用曲線と，曲線上の生産量 Q_a に対応するA点が書かれている。A点に接する線（1），A点へ原点から引いた線（2），そして縦軸上の固定費用額の点からA点へ引いた線（3）がある。この中から，限界費用を表すのは，（1）から（3）のいずれの線の傾きか。線の番号で答えなさい。

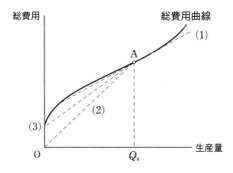

3.　ある企業の限界費用は $MC = 2Q + 100$ で表されるとする。この企業が生産する財が400円で販売されているとき，この企業は生産量をいくつにするか答えなさい。

4.　次の図を見て答えなさい。なお図中（1）の線は総費用曲線である。また，（2）の破線は生産量 Q_a に対する総費用曲線上の点における接線であり，原点を通る直線と同じ傾きを持つ。
    （1）　原点を通る直線の名称を答えなさい。ただし，この直線の傾きは生産物価格と等しいとする。
    （2）　図中（2）の破線の傾きは何と等しいか，専門用語で答えなさい。

(3)　図中 Q_a の生産量において利潤が最大になっていることを説明しなさい。

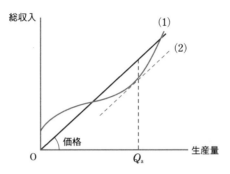

● 項末問題解答

問題 1　(3)

問題 2　$R = 500Q$

問題 3　家賃

問題 4　(2)

問題 5　(1)

問題 6　(1)

問題 7　利潤最大化条件である限界費用＝価格より，

　　　　$MC = 200$

　　　の関係が分かる。この式に $MC = 50 + 2Q$ を代入すると，$200 = 50 + 2Q$ となる。
　　　この式を Q について解くと $Q = 75$ である。よって，生産量を 75 個にすればよい。

第8章 供給曲線

本章は，前章に引き続き企業の供給行動について勉強します。個別供給曲線，そして市場供給曲線について勉強します。また，供給曲線のシフト要因と，シフトの方向を勉強します。

キーワード　平均費用，　平均可変費用，　損益分岐点，　操業停止点，　個別供給曲線，　市場供給曲線，　供給曲線のシフト，　技術進歩

8.1 損益分岐点と操業停止点 ·······································

■ 限界費用

　限界費用の定義は前章で勉強した通りで，生産量を 1 単位だけ変化させたときの総費用の変化額です。ところで，限界費用曲線は生産量に対する限界費用を表していますが，これは同時に生産量と価格の関係を表している曲線として読むこともできます。生産者である企業は利潤最大化行動をとります。このとき，価格＝限界費用という条件が成立する生産量を選択します。この関係が成立しているのですから，同じ曲線で 2 つの読み方が可能です。

　図 8-1 で確認しましょう。仮に生産量が Q_a のとき，横軸の Q_a の値に対して，限界費用曲線上の点に対応するのは，その限界費用です。これを P^* としておきます。Q_a を生産するとき，限界費用＝価格の条件は成立しているはずですから，P^* はその財の市場価格と一致しているはずです。

　2 つ目の読み方は，限界費用曲線は供給曲線と同じという読み方です。供給曲線は価格と生産量の関係を表す曲線です。ただし，生産が行われる範囲に限られます。

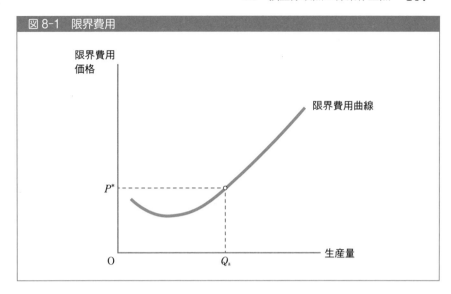

図 8-1 限界費用

問題 1 限界費用あるいは限界費用曲線に関する記述として妥当な文を，選択肢から
1 つ選びなさい。
(1) 限界費用曲線は，総費用曲線上の 1 点へ原点から引いた線の傾きの大きさを
描いている。
(2) 限界費用は，生産量が 1 単位増えたときの総費用の増額を示している。
(3) 限界費用は，企業が利潤最大化行動をとるときの生産量に対する費用額を示
している。

■ 平均費用

前章では企業の利潤最大化行動が示されました。そして前項で解説したよ
うに，限界費用曲線は供給曲線と見ることができます。ただし，後述する操
業停止点よりも高い価格の範囲でしか供給しません。ここでは，供給曲線の
範囲について考えます。まず平均費用と平均可変費用の話から始めます。

平均費用は，生産量 1 単位あたりに平均的にかかる費用のことです。すな
わち，次の式の関係です。

図 8-2　平均費用

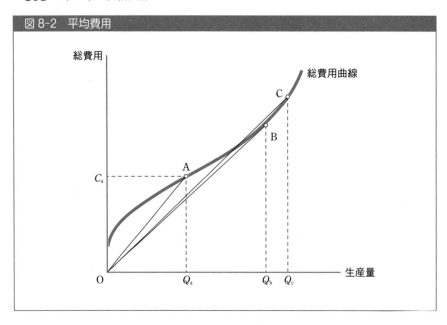

$$平均費用 = \frac{総費用}{生産量}$$

　図 8-2 には，総費用曲線と，原点から総費用曲線上の A 点へ向けた線が描かれています。縦の長さで表される総費用 C_a を，横の長さで表される生産量 Q_a で割った値は，その線の傾きです。そして，C_a/Q_a は平均費用でもあります。したがって，この線の傾きが平均費用と等しいことが分かります。

　原点から B 点へ引いた線の傾きは，生産量が Q_b のときの平均費用です。A 点へ向けた線よりも傾きが小さいことから，生産量 Q_a における平均費用よりも，生産量 Q_b における平均費用の方が，低いことが分かります。また，C 点へ向けた線と比較しても同様のことが分かります。

　B 点において，原点から引いた線は総費用曲線と接しています。このとき，生産量 Q_b において平均費用は最小になります。なお，総費用曲線の接線の傾きは限界費用でした。したがって，生産量 Q_b で，平均費用は最小になり，かつ平均費用と限界費用が一致します。

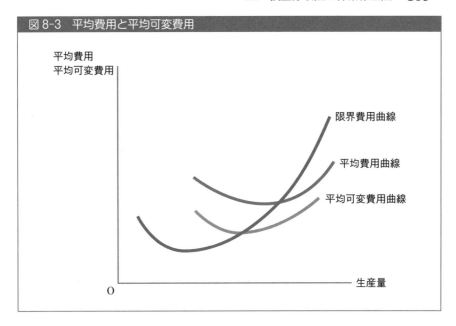

図 8-3 平均費用と平均可変費用

このように，生産量 Q_a，Q_b，Q_c それぞれに対する平均費用は，生産量が増えるにつれていったん減り，その後に増えています。このような平均費用の変化を図 8-3 に示しました。縦軸は平均費用，横軸は生産量です。

なお，平均費用＝総費用÷生産量，の両辺に生産量をかけることで，

平均費用×生産量＝総費用

の関係が分かります。この関係は後で使います。

問題 2　ある企業の総費用が 10,000 円，生産量が 400 個とする。平均費用を求めなさい。

■ 平均可変費用

平均可変費用は，総費用の中の可変費用に限り，生産量 1 単位あたりに平均的にかかる費用です。すなわち次の式が成立します。

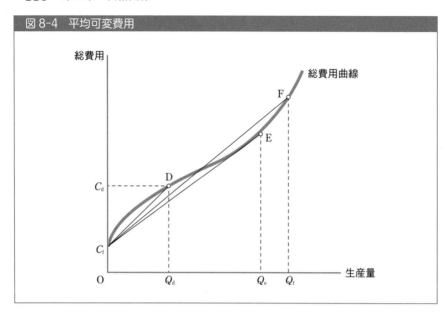

図 8-4　平均可変費用

$$平均可変費用 = \frac{可変費用}{生産量}$$

　図 8-4 において，平均可変費用は，総費用 C_f から総費用曲線上の 1 点へ向けて引いた線の傾きに等しくなっています。C_f と点 D を結ぶ線は，横の長さが点 D における生産量，縦の長さが可変費用であり，その傾きである横の長さ分の縦の長さが平均可変費用と等しいことが分かります。

　図 8-4 では点 D，E，F の 3 点に対して引いた各線の傾きを見ると，生産量が増えるにしたがって平均可変費用はいったん小さな値になった後，増加に転じます。

　C_f から総費用曲線へ引いた線は，E 点で接しています。前章で述べたように総費用曲線の接線の傾きは限界費用でした。すなわち，E 点に対応する生産量 Q_e において，平均可変費用と限界費用は一致します。以上より，Q_e において，平均可変費用は最小であり，かつ限界費用と一致します。

　生産量に対する平均可変費用曲線は図 8-3 に示されています。平均可変

費用曲線は，平均費用曲線よりも下に位置します。固定費用を含まないため小さな値になります。

なお，平均可変費用＝可変費用÷生産量，の両辺に生産量をかけると，

平均可変費用×生産量＝可変費用

の関係が分かります。これは後で使います。

問題３　次の設定で平均可変費用を計算しなさい。
　総費用　10,000 円　固定費用　2,000 円　生産量　400 個

■ 損益分岐点

利潤がプラスかマイナスか，すなわち利益と損失のどちらが発生しているか分かれる損益分岐点は，グラフの中の１点で表されます。

説明のために式を書き換えていきます。まず，利潤の定義から始めます。

　　　利潤＝総収入－総費用
　　　　　＝価格×生産量－平均費用×生産量
　　　　　＝（価格－平均費用）×生産量

１行目は利潤の定義です。２行目への書き換えは，第１項は総収入＝価格×生産量の関係を使いました。この関係は第７章で勉強済みです。第２項は，総費用＝平均費用×生産量，とする関係を使いました。これは平均費用の定義から変形できます。続いて２行目から３行目への書き換えは，生産量をカッコでくくりだしています。

さて，３行目の右辺は２つの項が掛け合わされています。生産をしている状況ですので，生産量はプラスの値として考えましょう。すると，右辺のカッコ内がプラスであれば，右辺全体がプラスであり，すなわち利潤がプラスと分かります。なお，右辺のカッコ内がプラスであることは，価格－平均費用＞０ですから，書き直すと，価格＞平均費用，です。すなわち，価格が平均

図 8-5 損益分岐点

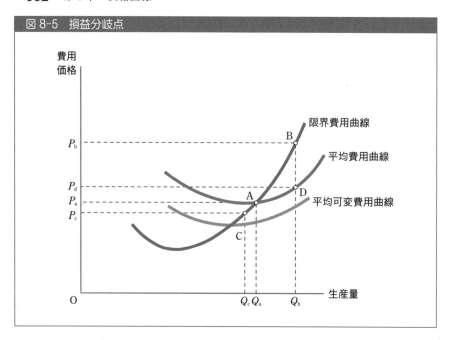

費用よりも高いときに，利潤はプラスである，と分かりました。

同様に考えると，カッコ内がマイナスであれば，利潤がマイナスです。このとき，価格＜平均費用，の関係があります。すなわち，価格が平均費用よりも低いときに利潤はマイナスであると分かりました。

また，カッコ内がゼロのとき，すなわち価格＝平均費用，であれば，利潤はゼロです。価格が平均費用と等しければ利潤がゼロであり，こちらが利益と損失の分かれ目になります。この関係をグラフで確認しましょう。

図 8-5 で説明します。企業は利潤最大化の下で，価格が限界費用と等しくなる生産量を生産します。仮に価格が P_b のとき，価格＝限界費用となるのは，その価格に対する限界費用曲線から，生産量は Q_b と分かります。この生産量において価格は平均費用 P_d よりも高いので，利潤はプラスです。価格が P_c であれば，価格＝限界費用となるのは生産量 Q_c です。この生産量

に対して，価格よりも平均費用が高いので，利潤はマイナスです。このように考えると，限界費用曲線で描かれる生産量と限界費用の関係は，同じ曲線で生産量と価格の関係を表しています。

さて，図 8-5 の A 点は，平均費用曲線と限界費用曲線の交点です。価格が P_a であれば，生産者は利潤最大化行動により，生産量を Q_a にします。この生産量では，価格と平均費用が一致します。A 点より右側は価格が平均費用を上回っているので利潤がプラス，一方の A 点より左側は利潤がマイナスです。A 点は価格と平均費用が等しく，利益と損失の境目になっているので，損益分岐点と呼ばれます。

問題 4　次の中から損益分岐点に関する説明として妥当な文を選びなさい。
(1)　平均費用曲線と限界費用曲線の交点が損益分岐点である。
(2)　損益分岐点より低い価格では生産は行わない。
(3)　限界費用と平均可変費用の関係から損益を判断する。

■ 総収入と総費用

図 8-6 を使って総収入と総費用を見てみましょう。図 8-6 上図では原点から B 点へ向けて着色された四角形があります。この面積は，この企業の生産量が Q_b のときの，この企業の総収入を表します。縦の長さが，そのときの価格である P_b，横の長さがそのときの生産量である Q_b なので，面積が価格×生産量，すなわち総収入と等しくなります。

図 8-6 下図で着色された四角形は，この企業が Q_b を生産する際の費用を表します。縦の長さは，生産量 Q_b に対する平均費用曲線の高さまであります。横の長さは生産量です。すると，面積は平均費用×生産量ですから，総費用に相当します。上図で着色された総収入の面積から，下図で着色された総費用の面積を引くと，面積が重ならない部分だけが残ります。それが利潤に相当する面積です。

図8-6　総収入と総費用

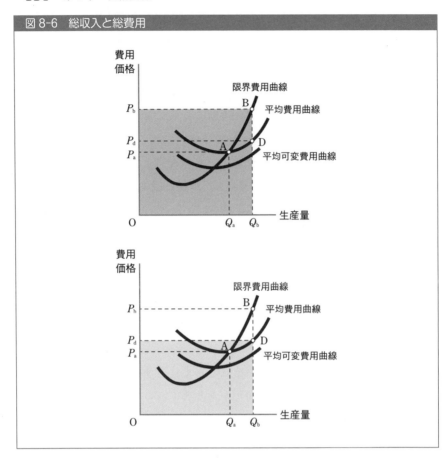

問題5　図8-6において，Q_aを生産するとき，総収入と総費用，そして利潤を図で確認しなさい。

■ 操業停止点

利潤がマイナスであっても，ある条件下では生産を続けますが，さらに状況が悪化すると操業を停止します。その境目になる点は，グラフの中で操業停止点として示されます。

利潤がマイナスの状況は，価格＜平均費用，の関係が成立しています。こ

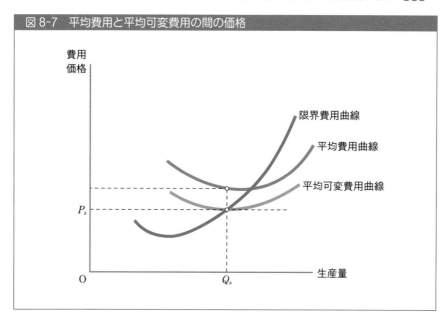

図 8-7 平均費用と平均可変費用の間の価格

の条件下で，さらに，価格＞平均可変費用，の関係が成立しているとします。
図 8-7 で価格が P_a で生産量が Q_a の状況が該当します。この状況で収入を
表す面積は，P_a の高さ× Q_a の長さの四角形の面積ですが，費用を表すのは，
Q_a に対して平均費用曲線までの高さの面積です。このとき，費用の面積の
方が広く，利潤はマイナスになっています。

　操業停止点を確認します。まず，価格＞平均可変費用の関係から始めて，
両辺に生産量をかけると，

　　価格×生産量＞可変費用

となります。平均可変費用×生産量＝可変費用の関係を使いました。この関
係は，平均可変費用の定義から分かります。ところで左辺の価格×生産量は
総収入です。また，右辺は，総費用＝固定費用＋可変費用の関係を使うこと
で，可変費用＝総費用－固定費用，と分かります。これらを代入すると，先
の式は，

　　総収入＞総費用－固定費用

と変形できます。さらに，総費用を左辺へ移項して，

　　総収入－総費用＞－固定費用

です。左辺は利潤です。したがって，

　　利潤＞－固定費用

の関係にたどり着きます。

　例として数値を当てはめて考えてみましょう。例えば，固定費用が15万円であるとき，右辺は－15万円です。仮に利潤がいわゆる赤字の状態で－8万円とすると，「利潤＞－固定費用」の状況に含まれます。ここで，2つのパターンで考えます。パターン1は，この条件下で操業を続けます。すると利潤は－8万円です。パターン2は，操業を止めます。すると，固定費用分の－15万円が発生します。ここでは短期分析をしているので，生産を止めても固定費用が発生することに注意しましょう。2つのパターンを比較すると，パターン1の操業を続ける方がマイナスの金額が少ないので，こちらを選ぶでしょう。他の数値でも，上記の関係が成立するのであれば，同じことが言えます。すなわち，利潤がマイナスであっても，価格＞平均可変費用（式を変形させるスタートの関係）であれば，操業を続けます。

　次に，価格＜平均可変費用，の関係が成立する状況を考えます。図8-8で価格が P_b かつ生産量 Q_b の状況です。先の展開で不等号が逆として考えればよく，結果は，「利潤＜－固定費用」，です。この状況では，操業を続けるよりは操業を止める選択をするでしょう。これら2つのケースの境目，すなわち，価格＝平均可変費用，の条件が，操業を続けるか否かの境目になります。

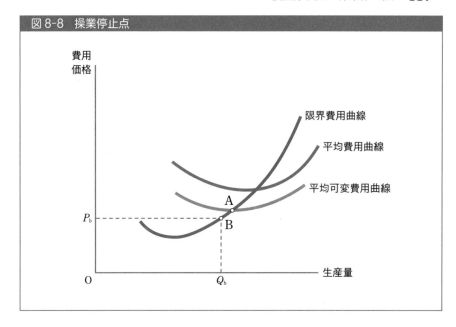

図 8-8　操業停止点

このようにして，図 8-8 の A 点が操業停止点であることが分かります。A 点では限界費用曲線と平均可変費用曲線が交わっています。限界費用曲線は利潤を最大にする価格と生産量の関係を表していたことを併せて考えると，A 点では価格＝平均可変費用の関係が成立し，上記の操業停止点であると確認できます。

なお，A 点より少ない生産量では，価格が平均可変費用よりも低い関係になります。例えば価格が P_b であれば，限界費用曲線より，その価格では生産量は Q_b になることが分かります。この生産量では，価格は平均可変費用より低いので，先の導出により，生産しないことが分かります。

この議論は，企業の供給曲線が描かれる範囲を示しています。限界費用曲線は，供給曲線として読めます。なぜなら限界費用と生産量の関係を示していますが，利潤最大化の下で限界費用＝価格の関係が成立しているので，価格と生産量の関係を表す曲線でもあります。ただし，ここまで見たように，

操業停止点よりも右上方の範囲で，限界費用曲線が，個別企業の供給曲線と一致します。

問題6 操業停止点あるいはそれに関連することに関する記述として妥当な文を1つ選択しなさい。
  (1) 操業停止点は平均費用曲線が最も低い位置にある点である。
  (2) 操業停止点では利潤がゼロである。
  (3) 価格が平均可変費用より低い状況では操業を行わない。

8.2 供給曲線 ···

■ 個別供給曲線

　供給者は利潤最大化を目的として行動し，かつ価格が平均可変費用よりも高い範囲で財を供給することが分かりました。また，限界費用は，生産量が高くなるにつれて，高くなっていきます。このことにより，図8-9の青色の線のように，個別供給曲線が導かれます。それは価格が平均可変費用より高い範囲で右上がりの曲線で，限界費用曲線と一致します。価格が平均可変費用より低い範囲では，生産量はゼロですので，縦軸と一致します。ただし，それをあえて明示することなく，平均可変費用よりも高い範囲に限り供給曲線を描きます。

問題7 図8-9は限界費用曲線，平均費用曲線，そして平均可変費用曲線が描かれている。個別供給曲線は限界費用曲線と一致するが，それは図中B点よりも高い範囲に限られる。その理由をまとめなさい。

■ 市場供給曲線

　完全競争市場において，数多くの企業が同質の財を生産しています。それらが合わさることで，市場供給曲線が導出されます。
　図8-10には個別供給曲線が2本（A，B）と，その2本の合計である供

図 8-9　個別供給曲線

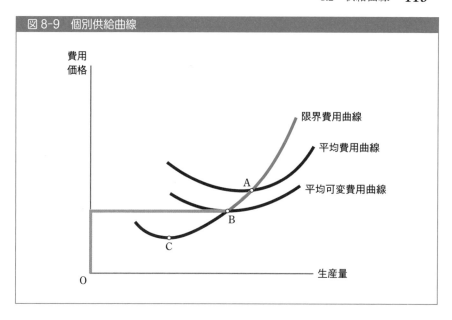

図 8-10　市場供給曲線

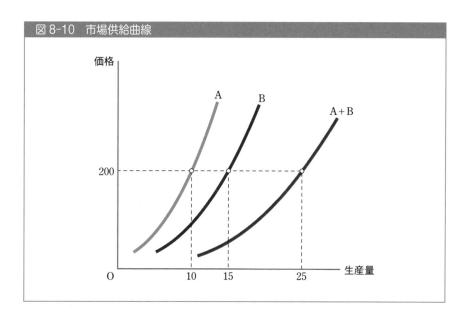

給曲線（A＋B）が描かれています。ここでは個別供給曲線から市場供給曲線を導出する考え方を，2社の例で見てみましょう。

　図8-10で，仮に価格が200円とします。この価格の下で各社ともに利潤最大化行動をとった結果として，A社は10個，B社は15個を生産します。すると，2社の生産量を合計すると25個です。A＋Bの線では，価格200円に生産量25個が対応しています。この他の価格でも同様に考えることで，2社を合計した供給曲線が描かれています。

　ここでは説明のために2社としましたが，本来は，市場で同質の財を生産する全社の生産量を合計すると考えるのです。その結果として，市場の供給曲線が導出されます。

問題8　簡単化のために2社と仮定する。A社とB社について，価格と生産量の関係は次の表にまとめられている。この数値を使って，A社，B社，そして2社を合計した供給曲線をグラフに描きなさい。

価　格	200	300	400	500
A　社	10	20	30	40
B　社	20	40	60	80

8.3　供給曲線のシフト

■ 投入要素価格変化

　市場の供給曲線は，各社の利潤最大化行動によって導かれた個別の供給曲線を合計したもので，価格に対する生産量の関係を表しています。その他の要因を所与として，すなわち一定として考えていますが，それらが変化したら，供給曲線が描かれる位置が変わるので，まるで移動しているようであることから供給曲線のシフトと表現されます。

　供給曲線をシフトさせる要因はいくつかあります。それらの要因と，その結果がどのように表現されるのかを，見ていきましょう。

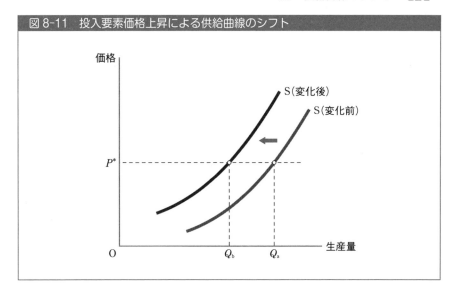

図 8-11 投入要素価格上昇による供給曲線のシフト

　供給曲線がシフトする要因の一つは，投入要素価格変化です。例えばパン，クッキー，ケーキ等，様々な財に小麦粉が使われています。小麦粉の価格が上昇すると，原材料費が高くなります。原材料費が上昇することで，総費用が高まります。同じ費用をかけるのであれば，以前よりも少ない量しか生産できなくなるでしょう。あらゆる価格に対して生産量が減るのですから，供給曲線が元の位置から左へシフトして見えます。

　図 8-11 には 2 本の供給曲線が描かれています。ある価格 P^* に対して，投入要素価格上昇前の生産量は Q_a であり，投入要素価格上昇後の生産量は Q_b です。このような変化があらゆる価格に対して表れるため，供給曲線が左へシフトします。

問題 9　本文の説明とは逆に投入要素価格が安くなった場合には，供給曲線はどのように変化するか，説明しなさい。

■ 技術進歩，自然現象

　技術進歩は供給曲線をシフトさせる要因の一つです。ある財の生産に関わる技術が進歩して大量生産が可能になったのであれば，それまでと同じ費用をかけて多くの量を生産できるのですから，供給曲線は量が多い右方向へシフトします。

　例えば，過去を振り返れば，田植えを人間が行っていたときと，機械化された後を比較すれば，短時間に広い面積に田植えができるようになりました。これによって生産量が増えたと考えられます。これも技術進歩の一つです。また，工場が機械化され，短時間で生産できるようになったことも技術進歩です。

　天候などの自然現象も供給曲線をシフトさせる要因です。皆さんはニュースで，キャベツなどの葉物野菜の価格が高いと聞いたことはありませんか。日照時間が短いなどの影響で収穫量が減ることがあります。通常の状況よりも少ない量しか市場に出回らないのですから，供給曲線が左へシフトします。

　自然現象の影響として先とは別の例ですが，海の潮の流れが変化することで漁獲量が変わることがあります。条件によっては減ることもあれば，増えることもあるでしょう。供給曲線の左あるいは右へのシフトとして見ることができます。どちらへシフトするのかは，そのときの状況によります。

　供給曲線をシフトさせる要因は，これだけではありません。ときには世界情勢や災害の影響もあるでしょう。経済は様々な影響を受けますので，要因は多岐にわたります。

　供給曲線がシフトすると何が起こるのか。この点については，第 9 章で均衡の変化として扱います。

問題 10　ある特定の原材料が品薄になり，それを使用して生産活動をしている企業は，入手が難しくなったとする。この場合，この企業の生産物の供給曲線はどのように変化するか。また，この原材料は，その財を生産するあらゆる企業が入手困難であるとする。すると，この財の市場の供給曲線はどのように変化すると考えられるか。

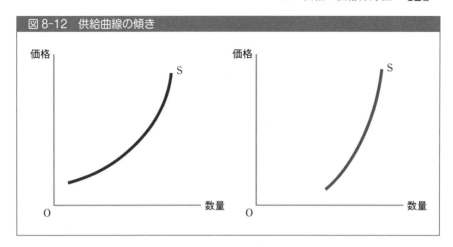

図 8-12　供給曲線の傾き

8.4　供給の価格弾力性 ……………………………………

■ 供給の価格弾力性

　供給の価格弾力性は，価格の変化に対して供給がどの程度反応するかを表します。次の式の通りです。

$$供給の価格弾力性＝\frac{供給変化率}{価格変化率}$$

価格変化率と供給変化率はそれぞれ，次の式で計算します。

$$変化率＝\frac{変化後の値－変化前の値}{変化前の値} × 100$$

供給の価格弾力性にはマイナスはつきません。需要の価格弾力性とは違い，供給の価格弾力性は分子と分母が同じ符号になりますので，マイナスをつけて結果をプラスにする必要がありません。

　図 8-12 には比較のため 2 つのグラフが描かれています。傾きが緩やかな供給曲線があれば，急な供給曲線もあります。左の緩やかな方が，価格変化に対する供給の変化が大きいので，供給の価格弾力性が大きく，右の急な方が供給の価格弾力性は小さいです。財の性質や，期間の違い等に影響されま

す。

　なお，1 本の供給曲線の中でも，弾力性が高い点や低い点もあります。供給の価格弾力性によって，需要と供給が一致する均衡の変化の大きさあるいは小ささといった結果につながります。

問題 11　次の設定で供給の価格弾力性を計算しなさい。価格が 10% 上昇したときに，供給量が 8% 増えた。

章末問題

1. 次の設定で，平均費用，平均可変費用を答えなさい。
   総費用　20,000 円　固定費用　4,000 円　生産量　20 個

2. 個別供給曲線と市場供給曲線に関して妥当な文を選択肢から 1 つ選びなさい。
   (1) 個別供給曲線を市場の全ての供給者に関して合計して市場供給曲線が導かれる。
   (2) 個別供給曲線を市場の供給者全体の平均値として表すことで，市場供給曲線が導かれる。
   (3) 個別供給曲線に供給者の数を掛け合わせることで，市場供給曲線が導かれる。

3. 供給曲線をシフトさせる要因として妥当なものを，選択肢から全て選びなさい。
   (1) 所得
   (2) 原材料価格
   (3) 天候

4. 図を見て答えなさい。
   (1) 損益分岐点を記号で答えなさい。
   (2) 操業停止点を記号で答えなさい。
   (3) 価格が P_a のとき，利潤はプラスかマイナスか答えなさい。

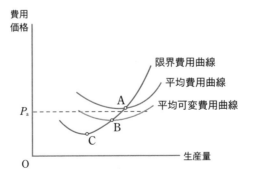

● 項末問題解答

問題1 （2）

問題2 25円

問題3 （10000 − 2000）÷ 400 = 20

問題4 （1）

問題5 生産量が Q_a のとき，総収入と総費用は次の図で着色された部分であり，利潤はゼロである。

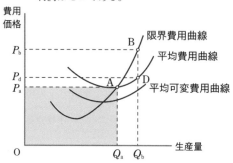

問題6 （3）

問題7 本文の通り。

問題8 右図の通り。

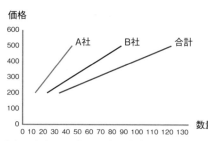

問題9 投入要素価格が安くなったため，ある一定の生産量を生産する費用が安くなり，価格と生産量の関係は，一定の生産量に対して安い方向へシフトする。すなわち供給曲線は右へシフトする。

問題10 供給曲線は左へシフトする。各企業の個別供給曲線が同様に変化するため，市場の供給曲線は左へシフトする。

問題11 0.8

第9章 市場均衡

本章では完全競争市場における需給均衡を中心に勉強します。需要と供給が均衡する仕組み，均衡が安定する状況，そして需給曲線のシフトによって均衡点が変化する状況を勉強します。

キーワード　完全競争市場，　市場の失敗，　プライステイカー，　均衡，　均衡点，均衡価格，　均衡取引量，　価格メカニズム，　超過供給，　超過需要，　均衡の安定性，　ワルラス的安定，　マーシャル的安定

9.1　完全競争市場 ···

■ 完全競争市場の仮定

市場の中で需要と供給によって価格が決まり取引が成立する状況を考えていきます。本章では完全競争市場を考えます。以下の3つの仮定の下で成り立つと考えられます。

(1) 財の同質性

一つの財の市場を考えるとき，その財は同質であると仮定します。

(2) 需要者と供給者が多数である

市場には財・サービスの売り手と買い手がいます。売り手は供給する側ですから供給者，買い手は需要する側ですから需要者です。どちらも自分たちの行動の結果として，市場では取引が行われて価格がつきます。それぞれが多数いますので，1人の需要者や1社の供給者は，市場を支配する力を持ちません。

(3) 完全情報

　価格や財の品質などあらゆる情報を，需要者と供給者のどちらも完全に入手できると考えます。

　なお，長期分析では，需要者と供給者どちらも市場に参入と退出が自由であると考えますが，この本で勉強する短期においては，参入と退出は考えません。

　以上の条件を満たす市場を完全競争市場と言います。これらは，理論の展開でおかれる仮定です。

　なお，これらの仮定を緩める分析も行います。例えば，2つ目の仮定を変えて市場にはたった1つの供給者だけがいるとすると，これは独占の理論になります。あるいは，3つ目の仮定を変えて，財の情報について需要者が入手できるのは一部でしかないとすると，これは不完全情報と呼ばれます。どちらも，第2章で勉強した経済学で「市場の失敗」と言われる分野に該当します。

　さて，先ほどの仮定 (1) から (3) について，補足をします。

　(1) の財の同質性ですが，例えばダイコンであれば，大きさ，味などあらゆる点において同質のダイコンについて考えています。現実の世界では，産地や味が異なるものもありますし，全てのダイコンが同じ質ではありませんが，同質に近い状況にあると考えられるのではないでしょうか。あくまで理論上の仮定ですが，現実の社会で近い状況を考えるのであれば，生鮮食品は比較的近いと言えるでしょう。

　(2) の説明です。市場には多くの需要者と供給者がいます。そして1人や1社の存在は十分に小さくて，価格を変えてしまうほどの影響力はないと考えます。

　需要者と供給者のどちらも価格操作力を持たないプライステイカーです。需要者は誰でも予算制約下で，自身の効用を最大化するように，消費量を決めます。1人の取引量は市場の中で相対的に少ないため，各需要者は市場全

体の価格を操作する力は持ち合わせていません。供給者は生産のために必要な費用がかかる中で，収入と費用の差額である利潤を最大にする目的で行動します。

(3) の完全情報について説明します。生産者は生産した財の品質について分かっていて，また，需要者は市場で取引をする際に，全ての情報を入手できることが，ここでは仮定されています。

問題 1　次の財について，同質性の仮定が成立するか検討しなさい。
　(1)　Tシャツ
　(2)　自動車
　(3)　りんご

■ 均　衡

　完全競争市場における均衡を見てみましょう。なお，「均衡」という言葉は，バランスが取れている状態を表します。経済学では需要と供給のバランスが取れている状態を均衡状態と言います。そのとき，市場で取引される価格と取引量が，市場の中で決まります。

　図 9-1 には需要曲線 (D) と供給曲線 (S) が描かれています。これらの曲線の導出は，ここまでの章で勉強してきました。需要曲線と供給曲線のどちらも，縦軸は価格，横軸は数量とするグラフで描かれています。

　第 2 章 2.3 で説明したことの確認となりますが，図中の E 点のことを均衡点，均衡点における価格のことを均衡価格と呼びました。均衡状態では需要量と供給量が等しくなっていますが，この量が均衡量あるいは均衡取引量でした。

　ところで，個別需要曲線は，各需要者が，ある価格の下で需要する量を表していました。様々な価格に対して対応する量がありましたが，それらの中の 1 点である均衡点で，取引が行われます。供給側も同様に，それぞれの価格に対する量が供給曲線上に描かれていますが，均衡点で取引が行われます。

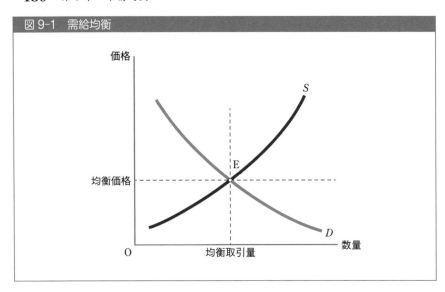

図 9-1　需給均衡

短期分析では，均衡状態になると，その状態で落ち着くと考えられます。
何かの理由がない限り，均衡は変わらないと考えます。一方で，何かの理由
で価格が均衡からずれたときには，そこから均衡状態へと，次第に変化して
いきます。これが価格メカニズムであり，そこには価格が重要な役割を果た
しています。

問題 2　需要曲線と供給曲線が次の式で与えられているとき，均衡価格と均衡取引量
を答えなさい。なお，D は需要量，S は供給量，P は価格とする。

$D = -2P + 1200$

$S = P - 300$

〈問題 2 の解説〉

　均衡を求める問題は重要ですから，解説をしておきましょう。均衡におい
て，需要量と供給量は一致します。したがって $D = S$ です。この関係を使っ
て 2 本の式を連立方程式として見ればよいのです。すなわち

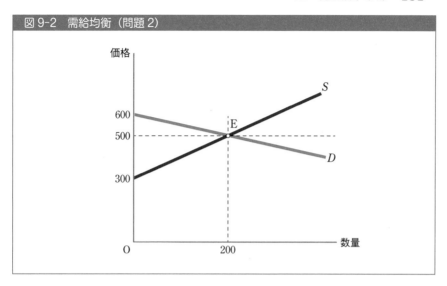

図9-2 需給均衡（問題2）

$$-2P + 1200 = P - 300$$

が成立します。これを P について解くと，$P = 500$ です。

　均衡取引量は，D の式あるいは S の式に $P = 500$ を代入して解きます。D の式に入れると，

$$D = -2 \times 500 + 1200$$

これを D について解くと 200 です。なお，S の式に $P = 500$ を入れても，当然ですが同じ結果になります。

$$S = 500 - 300$$
$$= 200$$

　本問では需要曲線と供給曲線を表す関数はどちらも，価格をインプットし，需要量あるいは供給量をアウトプットします。式は $D = \cdots$ あるいは $S = \cdots$ で表します。ところで，図で表すと縦軸が価格（P）で横軸は需要量あるいは供給量（D, S）です（図9-2）。そこで式の表現をグラフに合わせるので

あれば，$P =\cdots$ にします。例えば本問の需要曲線の式であれば，

$$D = -2P + 1200$$

ですが，これを $P =\cdots$ にすると

$$P = -0.5D + 600$$

です。グラフの中では切片が 600 で傾きが -0.5 の直線として描かれます。供給曲線も同様に書き直すと

$$P = S + 300$$

です。

■ 超過供給

　需要と供給が一致しない状況から均衡へ変化する過程を見てみましょう。まずは価格が均衡価格よりも高い場合を考えます。図 9-3 で，何かのきっかけで価格が P_a になっているとします。この価格の線と供給曲線が交わる点から下へ補助線を引き，供給量は Q_a と分かります。一方，価格 P_a の線と需要曲線が交わる点から下へ行くと，需要量は Q_b です。これらの量に差があり，供給量が多いことが分かるでしょう。需要量に比べて供給量が多い状態を超過供給と呼びます。

　超過供給では価格が次第に低下していきます。超過供給である限りは価格が低下する力が働きます。そして，最終的には需給均衡にたどり着きます。

　例として，スーパーのお惣菜売り場が当てはまるでしょう。閉店少し前になると，売れ残りの品に価格を割り引くシールが貼られていきます。元の価格設定下では需要に対して供給が多く，売れ残ったのです。廃棄するよりは値下げしてでも売り切ろうとします。すると，安いのであれば購入してもよいと思うお客さんがいて，売れていきます。このように，価格が変化することで需給のバランスが実現していきます。

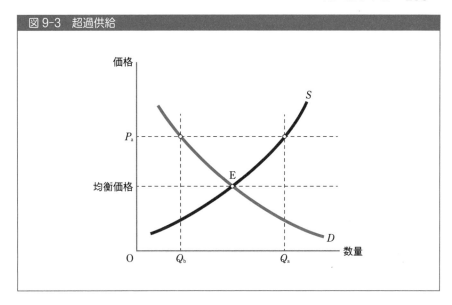

図 9-3　超過供給

問題 3　問題 2 の設定において，仮に価格が 550 円のとき，需要量と供給量はそれぞれいくつか答えなさい。また，需要と供給のどちらがいくつ多いか答えなさい。

■ 超過需要

　次に，価格が均衡価格よりも低い場合を考えます。図 9-4 で価格が P_b とします。この価格線と供給曲線から，供給量は Q_a と分かります。同様に，需要量は Q_b と分かります。この場合には需要量の方が，供給量よりも多いのです。この状態を超過需要と呼びます。

　超過需要では財を入手できない需要者がいます。すると，価格が高くても手に入れたいと行動する需要者もいるでしょう。このとき，価格は次第に上昇します。超過需要の限りは価格が上昇する力が働き，いずれ均衡にたどり着きます。超過供給と超過需要のどちらでも，価格が柔軟に動くことで，需要量と供給量が一致するように動きます。

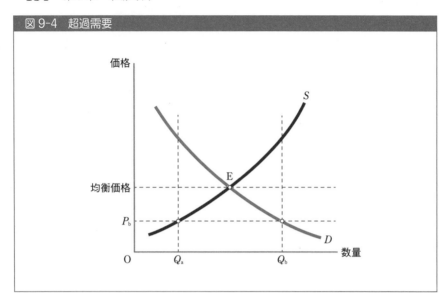

図 9-4　超過需要

問題 4　問題 2 の設定において，仮に価格が 400 円のとき，需要量と供給量はそれぞれいくつか答えなさい。また，需要と供給のどちらがいくつ多いか答えなさい。

9.2　均衡の安定性

■ ワルラス的安定

　価格と数量が市場均衡点へ向かう性質を，均衡の安定性と言います。ここでは，均衡の安定性における 2 つのパターンを説明します。

　超過需要あるいは超過供給の場合において，次第に価格が変化し，需要と供給の均衡が実現することを，ワルラス的安定と言います。通常の通りに需要曲線が右下がりで供給曲線が右上がりであれば，前述の通りに均衡が安定します。しかし，もしもそうでなければ，安定しません。

　通常の需要曲線とは異なりますが，図 9-5 のように需要曲線（*D*）が右上がりとします。供給曲線（*S*）も右上がりとしておきます。価格が P_1 のとき，供給の方が需要よりも多くなっています。いわば売れ残りの状況なので，価

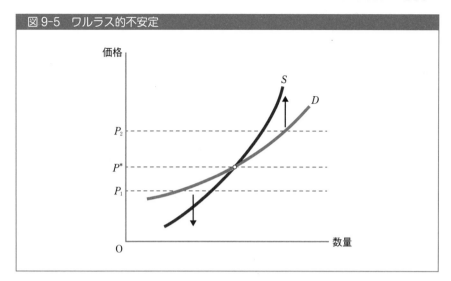

図9-5 ワルラス的不安定

格が低下していく力が働きます。P_1 は需要と供給が一致する価格 P^* よりも低いのですが，価格はさらに低下してしまいます。これは安定していません。なお，価格が P_2 の場合には需要が供給よりも多いので，購入したくてもできない人がいる状況ですから，価格は上がっていく力が働きます。この場合にも需給均衡から遠ざかるので，安定しません。

　ワルラス的安定は，需要曲線と供給曲線が交わる均衡点より下では超過需要で価格が上昇し，均衡点より上では超過供給で価格が下落するのであれば，安定します。

問題5　次の2つの図はそれぞれ，ワルラス的安定か否か答えなさい。

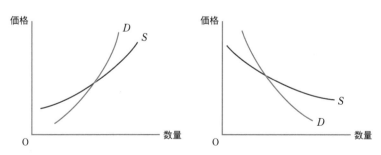

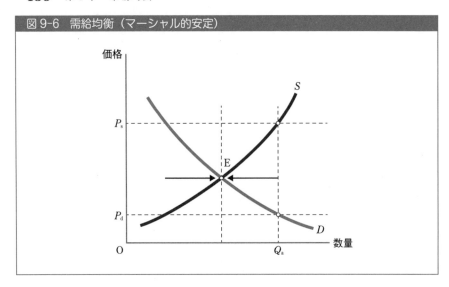

図9-6 需給均衡（マーシャル的安定）

■ マーシャル的安定

次はマーシャル的安定です。需要価格が供給価格と異なる場合において，次第に供給量が変化し，需要と供給の均衡が実現することを，マーシャル的安定と言います。通常の右下がりの需要曲線と右上がりの供給曲線であれば，マーシャル的に安定しています。

図9-6でマーシャルの意味における安定を見ていきます。もしも供給量が Q_a であれば，供給曲線によると供給価格は P_s ですが，需要価格は P_d です。すると供給者にとっては安く売ることになり，供給量を減らしていきます。需要曲線と供給曲線が交わる点より右側で供給価格の方が高い状況であれば，供給量を減らす効果があり，次第に均衡になります。これとは逆に均衡点より左側では需要価格の方が高いので，次第に供給量が増え，均衡に落ち着きます。

次にマーシャル的不安定の例を示します。図9-7では，需給曲線が交わる点より右では，需要価格が供給価格より高いので，供給量は増えていきます。需給曲線が交わる点より右にもかかわらず，さらに供給量が増えるので

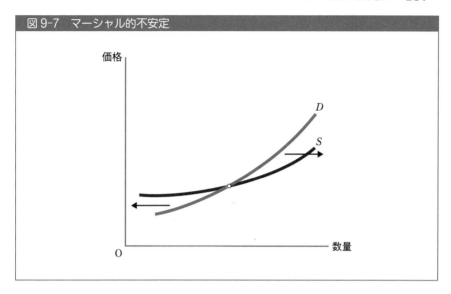

図 9-7 マーシャル的不安定

すから，安定しません。一方，需給曲線が交わる点より左では供給価格が需要価格より高いので，供給量は減っていき，安定しません。なお，マーシャル的不安定を示すのは，この図の例に限るものではありませんが，このように価格差があるときに，需要価格に合わせて供給量が変化する方向で判断できます。

問題 6　次の 2 つの図はそれぞれ，マーシャル的安定か否か答えなさい。

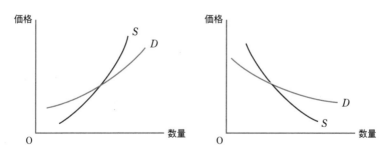

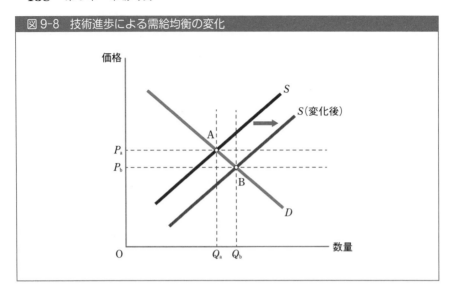

図9-8 技術進歩による需給均衡の変化

9.3 需給曲線のシフトと均衡の変化 ·························

■ 供給曲線のシフトと均衡の変化

　本節では，需要曲線あるいは供給曲線がシフトして均衡点が変化する場合の分析を行います。まず供給曲線のシフトと均衡点の変化から始めます。例えば，技術進歩が起きて以前よりも大量生産が可能になった場合が該当します。ただし，これは需要曲線を変化させる要因はないことを補足しておきます。なお，供給曲線がシフトする要因はいくつもあります。第8章で説明しました。

　図9-8の通りに，供給曲線が右へシフトすると，均衡点はA点からB点へ変化します。この結果，均衡価格はP_aからP_bへ安くなり，同時に均衡取引量がQ_aからQ_bへと増えています。

　次に，供給曲線が左へシフトする場合です。例えば，天候悪化による農産物の収穫量減少が該当します。この場合には，供給曲線の左へのシフトとし

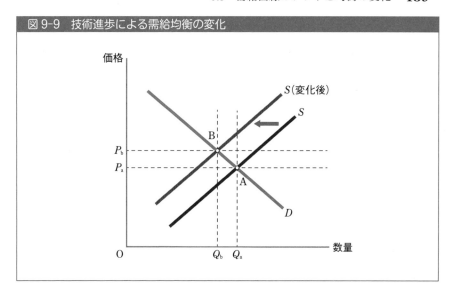

図 9-9　技術進歩による需給均衡の変化

てグラフの中で表現されます。なお，需要曲線をシフトさせる要因はありません。

　図 9-9 の通り，供給曲線の左へのシフトに伴って，均衡点は A 点から B 点へ変化します。すると均衡価格が上昇し，均衡取引量が減ります。

問題 7　ある企業は新しい製法を考案したために，これまでと同じ費用をかけて，数多くの製品を作ることに成功した。この場合，需要曲線と供給曲線のどちらがどのように変化するか答えなさい。また，均衡価格と均衡取引量が，どのように変化するか答えなさい。

■ 需要曲線のシフトと均衡の変化

　次に需要曲線のシフトと均衡の変化として，2 つのケースを見ていきます。はじめに，需要曲線が右へシフトする場合です。例えば，所得が増えたときの上級財の需要曲線が該当します。この財の需要は，あらゆる価格に対して増えるので，需要曲線が右へシフトします。詳しくは第 4 章で勉強しました。なお，ここでは供給曲線がシフトする要因はありません。

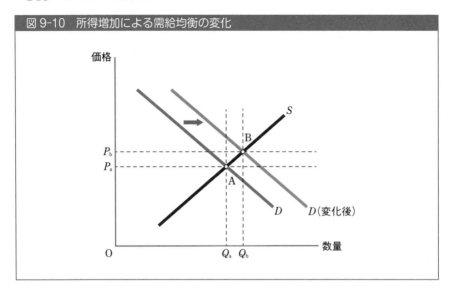

図9-10 所得増加による需給均衡の変化

　図9-10には変化前後の需要曲線と，供給曲線が描かれています。均衡点はA点からB点へ変化したので，均衡価格は高くなり，均衡取引量は増えています。

　次に，同じく所得の変化による需要の変化ですが，今度は下級財の場合を見てみましょう。下級財とは所得が増えると需要量が減る財のことでした。例えば価格の安い外食やインスタント食品による食事等を思い浮かべるとよいでしょう。すると，図9-10とは反対に，需要曲線は左へシフトします。

　ここでは所得増加による需要曲線のシフトを例に扱いましたが，その他にも需要曲線をシフトさせる要因はあります。第5章で勉強しました。本章ではそのような要因に関わらず，需要曲線の変化方向と均衡の変化を学びました。

問題8　下級財のケースについて，自分でグラフを描き，均衡価格と均衡取引量の変化を書き入れなさい。

章末問題

1.　需要曲線と供給曲線が次の式で与えられているとき，均衡価格と均衡取引量を答えなさい。なお，D は需要量，S は供給量，P は価格とする。

$D = - P + 1100$

$S = 0.5P - 100$

2.　1. の需要曲線と供給曲線をグラフに書きなさい。

3.　1. の設定の下で価格が900円のとき，需要量と供給量を答えなさい。また，超過供給と超過需要のどちらであるか答えなさい。

4.　次の図の中から，ワルラス的に安定な均衡を全て選びなさい。

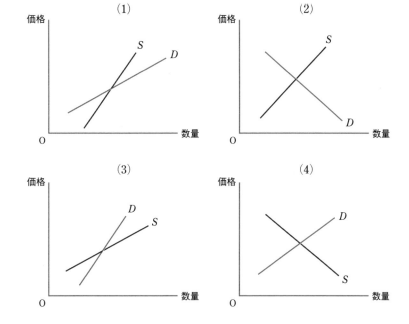

● 項末問題解答

問題 1 略

問題 2 本文の通り。

問題 3 需要は 100 個，供給は 250 個．供給が 150 個多い。

問題 4 需要は 400 個，供給は 100 個。需要が 300 個多い。

問題 5 左図はワルラス的安定である。右図はワルラス的安定ではない。

問題 6 左図はマーシャル的安定である。右図はマーシャル的安定ではない。

問題 7 供給曲線が右へシフトする。均衡価格は下がり，均衡取引量は増える。

問題 8 下級財では，所得が増えたときに需要曲線が左へシフトする。下図のようになり，
均衡価格が低下し，均衡取引量が減る。

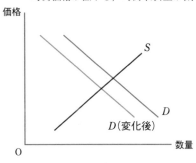

第10章　均衡分析の応用

　需要曲線や供給曲線がシフトすると，均衡価格と均衡取引量が変わります。
本章ではそれらの変化について具体的に見ていきます。

キーワード	需要の価格弾力性，　支出額，　従量税

10.1　需要の価格弾力性と支払い合計金額 ⋯⋯⋯⋯⋯⋯

■ 供給曲線のシフトと均衡価格・均衡数量変化の大きさ

　需要曲線あるいは供給曲線がシフトすると，均衡価格と均衡取引量が変わ
ります。その変化の程度は曲線の傾きなどによって異なります。まずは供給
曲線が変化するときの均衡価格と均衡取引量の変化を，需要曲線の傾きとの
関係から見ていきます。

　図 10-1 は 2 つのグラフを並べています。需要曲線 (D) は 1 本だけですが，
左図では傾きが緩やかで，右図では傾きが急です。どちらも供給曲線 (S)
が左へ，同じだけシフトしています。均衡点は A 点から B 点へ移り，均衡
価格は P_a から P_b へ高くなり，均衡取引量は Q_a から Q_b へ少なくなります。
　2 つのグラフを比較すると，需要曲線の傾きが緩やかな左図の方が，取引
量の変化幅が大きく，需要曲線の傾きが急である右図の方が，価格の上昇幅
が大きいことが分かります。問題 1 を解いて理解しましょう。

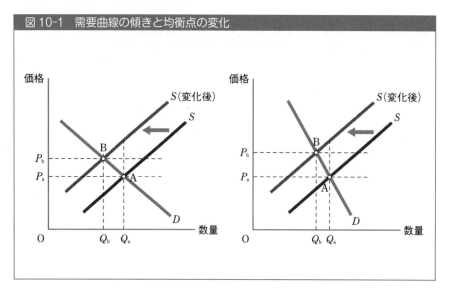

図 10-1 需要曲線の傾きと均衡点の変化

問題1 図10-1に次の設定を当てはめた場合の，供給曲線変化前後の均衡価格と均衡取引量の変化を計算しなさい。

需要曲線 $D = -\dfrac{1}{5}P + 300$（左図）　　①

需要曲線 $D = -\dfrac{1}{20}P + 150$（右図）　　②

供給曲線 $S = \dfrac{1}{10}P$　　③

供給曲線（変化後）$S = \dfrac{1}{10}P - 15$　　④

■ 需要の価格弾力性と均衡点の変化の関係

需要の価格弾力性と均衡点の変化の関係を説明します。なお，需要の価格弾力性は

$$\text{需要の価格弾力性} = -\frac{\text{需要変化率}}{\text{価格変化率}}$$

です。第5章で学習済みです。

図10-1と問題1より，均衡価格を P，均衡取引量を Q とすると，左図で

は $P = 1000$ かつ $Q = 100$ から，$P = 1050$ かつ $Q = 90$ へ変化しました。需要の価格弾力性を求めます。需要変化率は100個から90個へ変化したので－10%，価格変化率は1,000円から1,050円への変化なので5%です。需要の価格弾力性は2です。右図では価格は1,000円から1,100円へ変化したので価格変化率は10%です。需要変化率は100個から95個へ変化したので－5%です。需要の価格弾力性は0.5です。

2つのグラフを比較します。均衡価格の変化に注目すると，需要の価格弾力性が大きく需要曲線の傾きが緩やかな左図では小さく，反対に需要の価格弾力性が小さくて需要曲線の傾きが急な右図では大きく，変化しています。均衡取引量の変化は，左図で大きく，右図で小さく変化しています。

問題2　供給曲線のシフトと均衡点の変化について，需要の価格弾力性が小さい財と大きい財を比較し，それが小さい財に関する説明として妥当な文を1つ選びなさい。
　(1)　供給曲線が右へシフトするときに価格は変わらない。
　(2)　供給曲線が右へシフトするときに価格が大幅に下がる。
　(3)　供給曲線が右へシフトするときに数量が大きく変化する。

■ 需要の価格弾力性と総支出額の関係

供給曲線がシフトして均衡価格と均衡取引量が変化すると，需要者側が支払う金額が変わることを，需要の価格弾力性を使って見てみましょう。ここでは，需要の価格弾力性が1よりも小さい場合と，1よりも大きい場合の2つに分けて考えます。図10-1と，前項の内容を引き続き使います。

さて，価格が上昇して取引量が減少したとき，需要者側の支払い総額は増えるでしょうか，減るのでしょうか。上記2つの設定下で支出額の変化を見ましょう。表10-1に，設定1と2の変化前後の支出額をまとめました。需要の価格弾力性が1よりも大きい設定1では，価格上昇によって合計額が減っています。一方，需要の価格弾力性が1よりも小さい設定2では，合計額が増えています。

表 10-1 需要の価格弾力性別支出額の変化		
	設定1 (需要の価格弾力性が2)	設定2 (需要の価格弾力性が0.5)
変化前	1,000円×100個＝100,000円	1,000円×100個＝100,000円
変化後	1,050円×90個＝94,500円	1,100円×95個＝104,500円

　需要の価格弾力性が1より大きいか小さいかで結果が異なりました。ここでは数値例を使いましたので価格と数量の変化には幅がありましたが，より厳密に1点で需要の価格弾力性を評価して分析すると，価格上昇によって，需要の価格弾力性が1よりも大きい場合には支出額が減り，1よりも小さい場合には支出額が増えます。ちょうど1では，変化しません。

　価格が下落した場合には，需要の価格弾力性が1よりも大きいと支出額が増え，1よりも小さいと支出額が減ります。

問題3　本文の例とは反対に，供給曲線が右へシフトする場合，例えば技術進歩が起きたときを想定する。このときの需要者側の支出額が増えるのか減るのかを，需要の価格弾力性が1より大きいか小さいかに分けて，答えなさい。

■ 支出額と面積

　需要者側の支出額を図中の面積として見ることができます。図10-2は図の一部に色がついています。右図・左図どちらも共通で濃色が変化前，淡色が変化後の支出額です。ただし，2つの図が重なっている部分では，淡色の四角形が後ろに隠れています。

　左図の濃色で説明すると，縦の長さが P_a，横の長さが Q_a です。その四角形の面積は価格×数量ですから，支出額と一致します。淡色は濃色の後ろに重なっている部分があり，縦の長さが P_b，横の長さが Q_b の四角形の面積です。

図 10-2 均衡点の変化と価格変化

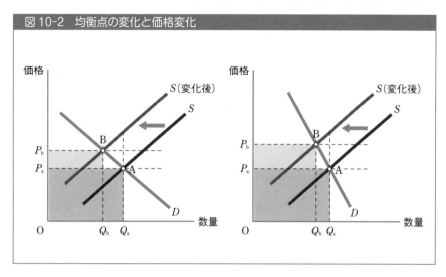

　濃色と淡色の重なっていない部分を比較すれば変化前後の金額の変化を見ることができます。濃色は左右について狭くなる部分があり，淡色は上に広がる部分があります。左図は狭くなる面積の方が広く，一方の右図は上へ向かって広がる面積が相対的に広くなっています。

問題4　次の図では，供給曲線が右へシフトしている。この図中で，変化前後それぞれについて，需要者側の支出額を表す面積を答えなさい。

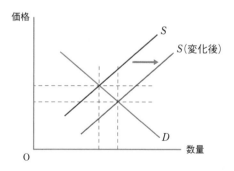

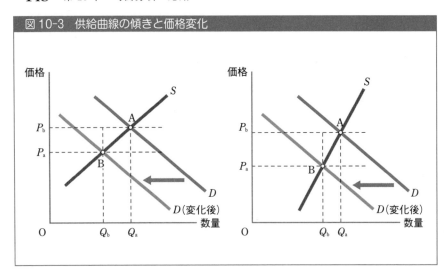

図 10-3　供給曲線の傾きと価格変化

■ 需要曲線のシフトと価格・数量の変化

　需要曲線が変化するときの，供給曲線の傾きとの関係を考えます。図10-3には需要曲線（D）が左へシフトしたときの均衡点の変化が描かれています。供給曲線（S）は，左図では傾きが緩やかで，右図では傾きが急です。グラフによると，傾きが緩やかな左図では数量が減る効果が大きく，傾きが急な右図では価格が下がる効果が大きく表れています。

問題5　次の中から，需要曲線の変化と供給曲線の傾きの関係の説明として妥当な文を 1 つ選びなさい。

(1)　供給曲線の傾きが緩やかであるほど，需要曲線が右へシフトしたときの価格上昇は大きい。

(2)　供給曲線の傾きが急であるほど，需要曲線が左へシフトしたときの価格上昇は大きい。

(3)　供給曲線の傾きが急であるほど，需要曲線が右へシフトしたときの価格上昇は大きい。

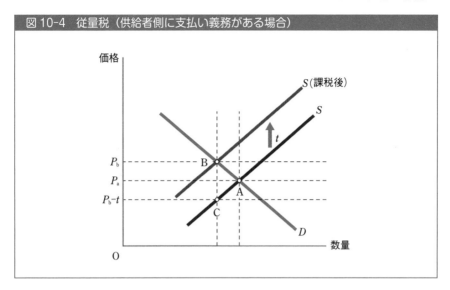

図 10-4 従量税（供給者側に支払い義務がある場合）

10.2 課税の影響 ···

■ 従量税（供給者側）

　税金が課された場合の均衡への影響を見てみましょう。ここでは従量税を
考えます。従量税とは財の量あたりに課される税の総称です。財について1
単位につき t 円が課されるとします。まずは供給者に支払い義務がある場合
です。

　図 10-4 には従量税が課された場合の需給曲線が描かれています。なお，
ここでは需給曲線を直線として描いています。供給曲線（S）の上に，S（課
税後）と表示された線が描かれています。従量税が課されると，供給曲線が
税の分だけ上へシフトします。さて，供給に関する第8章で勉強したことで
すが，供給曲線は限界費用を表す線と同じでした。それに対して1単位あた
りに t 円の税金が上乗せされるので，図の中では供給曲線のシフトとして表
現できます。

　課税がなければ A 点で需要と供給が均衡します。課税されると B 点で均

衝し，その価格は P_b です。この金額から供給者は税金を納めるので，供給者が受け取る金額は P_b-t です。B点から下した線と，（t が足されていない）供給曲線（S）が交わるC点を通る価格が P_b-t です。一方，需要者が支払う価格は P_b です。課税によって価格が高くなり，それに合わせて需要が減っています。

　ところで，課税されていないときの均衡価格は P_a です。この価格と比較すると，課税により需要者が支払う価格は高くなり，供給者が受け取る価格は安くなっています。課税によって両者の価格に変化が生じているのです。

問題6　需要曲線と供給曲線，および従量税の金額が下記の通りに与えられているとする。このとき，均衡価格と均衡取引量を答えなさい。なお，D は需要量，S は供給量，P は価格，t は従量税の金額とする。

$D = -2P + 2000$

$S = P - 250$

$t = 150$

■ 従量税（需要者側）

　需要者側に従量税が課された場合の均衡の変化です。需要曲線で表されていた価格と数量の関係は，新たに「価格＋税」と数量の関係になります。需要関数とグラフで説明しましょう。ここでは，説明のために簡単な式を想定します。課税前の需要曲線が

$$D = -P + b$$

とします。課税されると，これまでの価格と数量の関係の中で税金を払うのですから，課税後は

$$D = -(P + t) + b$$

です。グラフに合わせて $P = \cdots$ にすると

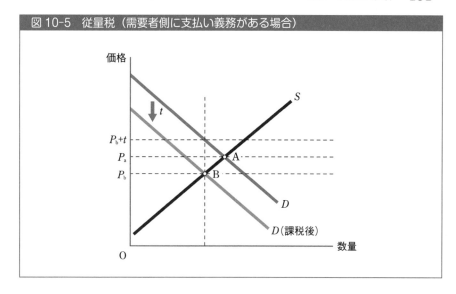

図 10-5 従量税（需要者側に支払い義務がある場合）

$$P = - D + b - t$$

です。課税前の式と比較すると，課税後は傾きが同じで切片が t の分だけ小さくなります。すなわち，グラフの中では，需要曲線が下へシフトして描かれます。なお，この場合には供給者に支払い義務はないので，供給曲線は変化しません。

　図 10-5 は需要者に支払い義務がある従量税について均衡の変化を示しています。課税前の均衡点は A 点ですが，課税により均衡点は B 点へ変わりました。

　支払い義務が需要者側の場合においても，両者が税を負担しています。図 10-5 によると，課税前の均衡点は A 点で価格は P_a でした。課税後は均衡点が B 点，価格は P_b です。ただしこれは税抜き価格であり，需要者が支払うのは $P_b + t$ ですから，$P_b + t$ と P_a の差額が需要者の負担です。一方の供給者は，課税前後で価格を比較すると P_a と P_b の差額が供給者の税負担です。

問題 7　需要者に支払い義務のある従量税が課された場合の，課税後の均衡点における価格を答えなさい。

$D = -2P + 3200$

$S = P - 100$

$t = 150$

10.3　固定された価格 ⋯⋯⋯⋯⋯⋯⋯⋯⋯⋯⋯⋯⋯⋯⋯⋯⋯⋯

■ 均衡価格より高い価格

　均衡価格よりも高い価格で固定されると，超過供給になり，均衡が実現しません。ここでは労働市場の例を使って説明します。

　本題に入る前に，労働市場の需給分析について説明しましょう。労働市場では，労働を供給するのは労働者です。皆さんご自身が，アルバイトなどをしているのであれば労働供給者ですし，大学卒業後に就職すると労働を供給することになります。労働市場で労働を需要するのは雇い入れる側です。就職先の企業が需要者側です。

　通常の財に関する需給分析では価格と数量の関係を見ていました。労働市場における価格は賃金です。また数量は人数とすることができます。労働市場の需要曲線は，雇い入れる側は高い賃金では少ない人数，低い賃金では多い人数を雇い入れることができるので，通常の需要曲線と同じで右下がりになります。労働の供給曲線については，ここでは通常の供給曲線と同じで右上がりとしておきましょう。

　図 10-6 は需要曲線（D）と供給曲線（S）の交点である E 点が均衡点です。その価格で需給が均衡するのですが，何かのきっかけで図中の価格 P^* で賃金が高止まりした場合には，超過供給になります。労働市場で超過供給は，失業が発生している状態です。

　なぜ賃金が高止まりするのでしょうか。一つには，E 点の均衡が実現する前には，需要曲線が右側にあり，そのときの均衡価格が P^* であったと考え

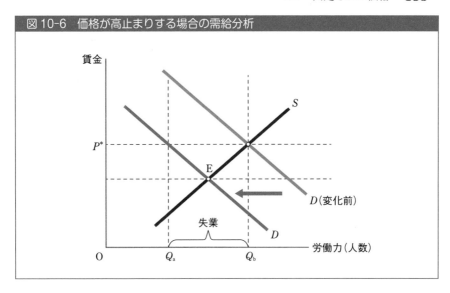

図 10-6　価格が高止まりする場合の需給分析

られます。すなわち，労働市場で需要が減少した後の均衡が E 点です。労働需要が減るのは，景気後退などの理由が考えられます。

通常の財でしたら需給が一致する均衡価格へ価格が変化して需給が一致しますが，労働市場では，そうならないことがあります。賃金には下方硬直性と言って，下落しにくい特性があるからです。

問題 8　図 10-6 において，労働市場における求職者の数を表すのは，次のうちのどれか，選択肢から 1 つを選びなさい。

(1)　Q_a

(2)　Q_b

(3)　$Q_a + Q_b$

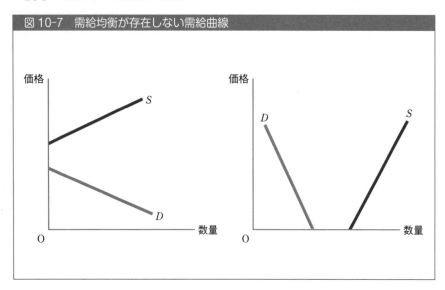

図 10-7　需給均衡が存在しない需給曲線

10.4　需給曲線の交点がない場合 ·····························

■ 需給曲線の交点がない場合

　需給曲線の交点がそもそも存在しない場合もありえます。図 10-7 左図には需要曲線と供給曲線が描かれていますが，それらが離れていて，均衡点が存在しません。供給曲線が図中の高い位置にありますので，現実には売買が成立しないのです。

　図 10-7 右図も均衡点がありませんが，こちらは需要曲線が左に，供給曲線が右に寄っています。需要が極端に少ない，あるいは供給がとても多い財の場合には，このように均衡点が存在しません。すなわち現実に取引が行われないのです。

問題 9　図 10-7 左図において将来的に供給曲線が下方向へシフトするような変化が起きれば，需給均衡が成立する可能性があるか検討しなさい。

章末問題

1. ある財の価格は 500 円から 550 円へ上昇したとき,需要量は 20 個から 16 個へと減少した。この財の需要の価格弾力性を答えなさい。また,支出額が増えるか減るか答えなさい。

2. ある野菜が豊作である年に,均衡価格は高くなるか安くなるか,また均衡取引量は増えるか減るか,さらに需要者側の支出額が増えるか減るか答えなさい。なお,当該財の需要の価格弾力性は 1 よりも小さいと仮定する。

3. 次の図の中で,供給曲線が右へシフトした後の,需要者側の支出額を表す面積を書き入れなさい。

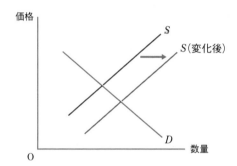

4. 需要曲線と供給曲線,および従量税の金額が下記の通りに与えられているとする。このとき,課税後の均衡価格と均衡取引量を答えなさい。なお,D は需要量,S は供給量,P は価格,t は従量税の金額とする。供給者側に支払い義務があるとする。

$$D = -P + 2400$$
$$S = 0.5P - 600$$
$$t = 300$$

● 項末問題解答

問題 1　均衡価格を求めるには，$D = S$ として需要曲線と供給曲線の式を P について解きます。まず左図について解きます。変化前は①＝③とすればよいので，

$$-\frac{1}{5}P + 300 = \frac{1}{10}P$$

です。これを P について解くと $P = 1000$ です。次に均衡取引量を求めるには，需要曲線あるいは供給曲線の式を使います。まず，$P = 1000$ を①に代入します。すなわち，

$$D = -\frac{1}{5} \times 1000 + 300$$

です。したがって $D = 100$ です。なお均衡において $D = S$ ゆえに，$S = 100$ です。同様にして，変化後は①＝④とすることで，$P = 1050$，$D = S = 90$ となります。

　次に右図について解きます。変化前は②＝③より

$$-\frac{1}{20}P + 150 = \frac{1}{10}P$$

です。これを P について解くと $P = 1000$ です。また $P = 1000$ を②に代入すると $D = 100$ です。均衡ゆえに $D = S = 100$ です。変化後は②＝④より

$$-\frac{1}{20}P + 150 = \frac{1}{10}P - 15$$

です。これを P について解くと $P = 1100$ です。②より 95 です。均衡では $D = S = 95$ です。

　なお，問題で与えられている $S = \cdots$ の式をグラフに合わせて $P = \cdots$ にしてみましょう。$S = \frac{1}{10}P$（③式）を変形すると $P = 10S$ です。また，$S = \frac{1}{10}P - 15$（④式）を変形すると $P = 10S + 150$ です。したがって，④式で表される供給曲線の方が，上側に位置しています。

問題 2　(2)

問題 3　供給曲線の右シフトによって，価格は下落し，取引量は増える。需要の価格弾力性が 1 より大きいと，数量が増える効果が大きくなり，結果として支出額は増える。一方，需要の価格弾力性が 1 より小さいと，価格が下落する効果が大きくなり，結果として支出額は減る。

問題 4　右の図の通り。ただし濃色は変化前，淡色は変化後である。

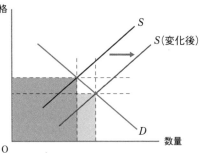

問題5　(3)

問題6　従量税が課されると本文中の図のように供給曲線が上へシフトして表されます。供給曲線には直線を想定していますから，図の中の直線を表す式の切片に150を足せばよいのです。ただし注意点があります。図では縦軸が価格（P）で横軸が数量（S, D）です。供給関数は$S = \cdots$ですから，単純にその式に課税額を足すのは間違いです。そこで，$S = \cdots$の式を$P = \cdots$へ書き換えて，税を足していきます。

　まず$S = \cdots$の式を$P = \cdots$にします。

$$P = S + 250$$

この式に税の150を足します。

$$P = S + 400 \qquad ①$$

需要曲線は税によって変化はしませんが，式を扱う都合上，需要曲線も$P = \cdots$にします。

$$P = -0.5D + 1000 \quad ②$$

です。①と②を連立させて解きます。$S = D$の均衡点を求めるため，$S = D = X$とします。

$$X + 400 = -0.5X + 1000$$

です。この式をXについて解くと，$X = 400$です。$X = 400$を①あるいは②に代入すると，$P = 800$です。

　比較のために，税が課されていない場合の均衡価格と均衡取引量を計算します。供給曲線を表す式を変形すると，$P = S + 250$です。これを　③とします。$S = D = X$として，②と③を連立させます。すなわち

$$X + 250 = -0.5X + 1000$$

です。これをXについて解くと$X = 500$です。$X = 500$を②あるいは③に代入することで，$P = 750$です。

　これらの結果を比較すると，課税前の価格750から，課税後には800へと50高くなっています。供給者が受け取る金額は$800 - 150 = 650$です。

問題7　1,000円

問題8　(2)

問題9　次の図のように需要曲線と供給曲線が交わる状況になれば，均衡点は存在する。すなわち取引が成立すると考えられる。

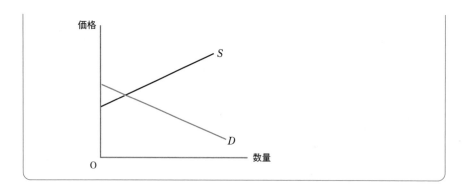

第11章 余剰分析

本章では消費者余剰，生産者余剰，そして総余剰を勉強します。これらの定義を説明した後に，市場の分析に応用します。市場取引によって消費者と生産者が受け取る便益を測定し，完全競争市場が効率的に資源配分を行っていることを確認します。

キーワード 余剰分析， 消費者余剰， 生産者余剰， 総余剰， 厚生の損失，死荷重

11.1 余剰分析

■ 余剰分析

これまでの章では，市場で需要と供給が一致する価格と数量において取引が行われる様子を見てきました。これは経済の中で自然と行われる仕組みです。本章では，こうした取引において，消費者が得られる便益，生産者が得られる便益，そしてそれらを合計した社会全体での便益を測定します。その方法として，以下のような余剰分析があります。

■ 消費者余剰

消費者は財に対して，それを消費することの評価をしています。その評価は個別需要曲線に現れています。ここでは評価を金額で表すことができると考えます。消費者による財に対する評価額から，実際の取引で支払った金額を引いた残りを消費者余剰と言います。ここでは需要曲線を直線として考えて，図を使用して消費者余剰を説明します。

図11-1は，ある個人の個別需要曲線を表しています。個別需要曲線は，

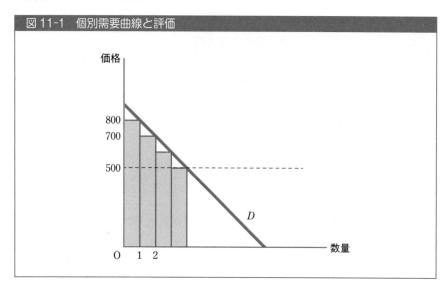

図 11-1 個別需要曲線と評価

ある価格に対してどれだけの数量を需要するかという関係を表していました。例えば 800 円であれば 1 個，700 円であれば 2 個という具合に，この消費者は需要します。この関係は，この消費者が，この財に対して与えている評価を表しています。すなわち，もしもたったの 1 つだけしか入手できないのであれば，それに 800 円を払ってもよく，もしも 1 つを消費した後に追加で 2 つ目を消費するのであれば，1 つ目より安い 700 円を支払ってもよいと，この個人が考えています。

　このとき，需要曲線の下側の面積は，この個人による財の評価額に等しくなっています。図 11-1 にはいくつかの長方形が描かれています。最も左に位置する四角形は縦が 800 円，横が 1 個となっています。すると，その面積は 1 個目に対する評価額と考えることができます。同様に考えると，その右隣の長方形の面積は，1 つを消費した後に追加して 2 つ目を消費する際の評価額に等しくなります。同じことを繰り返します。この財の価格が 500 円として，500 円までについて同様に評価額を考えましょう。1 個目の評価額から 4 個目の評価額までを合計することで，その財を 4 個消費する評価の合計

図 11-2　個別需要曲線と評価

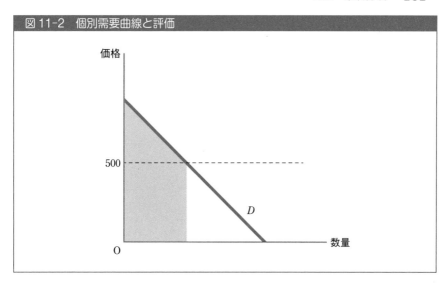

額が分かります。

　ところで，図 11-1 で評価額は，複数の長方形から成る階段状になっています。説明のために 1 個ずつ分解しましたが，0 個から実際の購入量の範囲において，この評価額は，需要曲線の下側の面積と等しくなります（図 11-2）。

　次に支払額を，図を用いて説明します。この財は市場において 500 円で取引されているとします。この個人は，500 円であれば 4 個を需要するとします。すなわち合計で 2,000 円です。なお，実際の支払額は，全ての個数に対して同じ額です。

　図 11-3 には縦が 500 円，横が 4 個の四角形の面積が描かれています。この面積が実際の支払額に相当します。

　支払いに対する評価と実際の支払額が分かりましたので，その差額として消費者余剰を図で説明します。それぞれを別の図で導出しましたが，差を求める操作は，1 つの図に評価額と支払い額を重ね，重なっている部分は差し引きゼロと考えればよく，重なっていない面積が残ります。結論は，消費者余剰は，需要曲線と価格線に囲まれた面積に等しくなります。図 11-4 です。

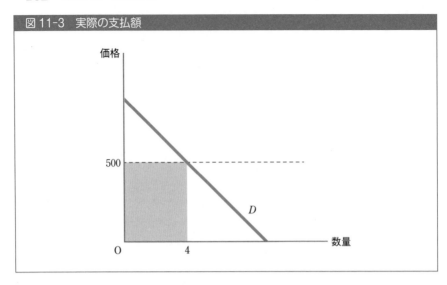

図11-3 実際の支払額

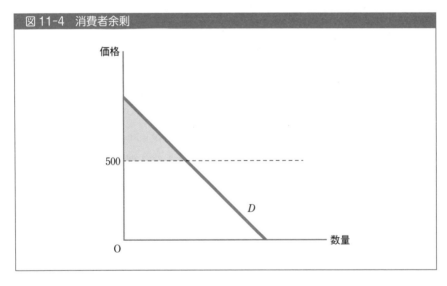

図11-4 消費者余剰

　なお、市場全体の消費者余剰は、個人の消費者余剰を合計することで得られます。したがって、市場の消費者余剰は、市場需要曲線と価格線に囲まれた面積と等しくなります。

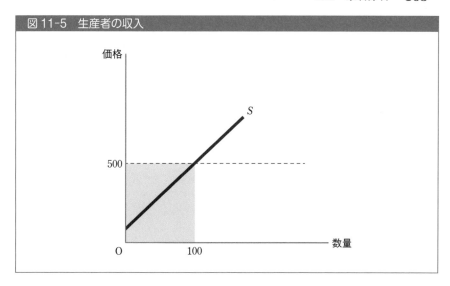

図 11-5　生産者の収入

問題1　次の設定で消費者余剰を計算しなさい。ただし D は需要量，P は価格とする。
需要曲線　D = − 2P + 700
価格　P = 250

■ 生産者余剰

　生産者は財を市場で取引することで収入を得ます。しかし生産には費用が
かかります。生産者にはその差額が残ります。これを生産者余剰と言います。
生産者余剰を図解します。

　まず，ある1社の生産活動による生産者余剰を見てみましょう。この企業
が生産する財は市場において 500 円で取引されているとします。また，この
企業は 100 個を生産しているとします。すると収入は 50,000 円です。図
11-5 で水色の四角形の面積が収入額となっています。

　次に費用を考えましょう。供給曲線は限界費用を表していたことを思い出
しましょう。すると，生産量を1個とすると，供給曲線の高さで分かる金額
は限界費用と一致します。次に生産量を2個とすると，同様にして供給曲線

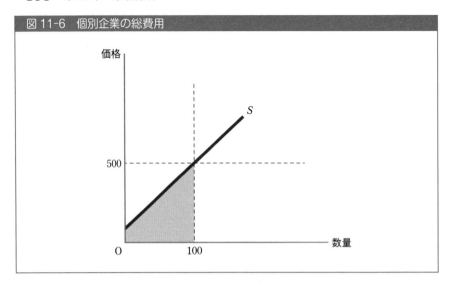

図 11-6 個別企業の総費用

の高さで限界費用が分かります。同様に 100 個まで考えることができます。

　限界費用を合計すると総費用になります。限界費用の定義は，生産量を 1
単位変化させたときに追加的にかかる費用でした。すると，追加的な費用を
0 個から 100 個まで足し合わせれば，費用額の合計になります。したがって，
0 個から 100 個までの範囲で，供給曲線の下側の面積が，総費用と等しいの
です（図 11-6）。

　このように考えると，供給曲線の下側の面積を生産量まで（この数値例で
は 100 個まで）合計した値は，この企業の総費用と等しくなります。

　生産者余剰は，収入から費用を引いた差額でした。それぞれを図で示しま
した。その差を見るには，2 つの図を重ね合わせて，図の中で重なっている
部分は差し引きゼロと見ることで，重なっていない部分だけが残ります。す
ると，生産者余剰は，図 11-7 の通りに，0 個から生産される量の範囲にお
いて，価格線と供給曲線に囲まれた面積と等しくなります。

　なお，市場の生産者余剰は，個別の生産者余剰を，同じ財を生産する全て
の生産者について合計して得られます。

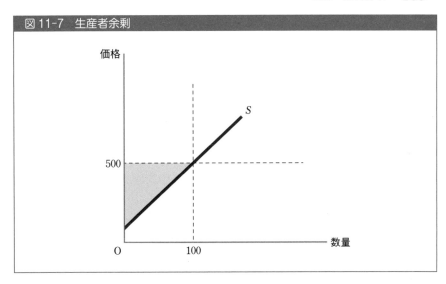

図 11-7 生産者余剰

価格

S

500

O 100 数量

問題2 次の設定で，生産者余剰を計算しなさい。

　供給曲線 $S = 2P - 300$

　価格 $P = 250$

■ 総余剰

　消費者余剰と生産者余剰の合計を総余剰と言います。個人需要曲線を合計した市場需要曲線について，需要曲線と価格の線に挟まれた面積が，市場全体の消費者余剰です。個別供給曲線を合計した市場供給曲線について，価格の線と供給曲線に挟まれた面積が市場全体の生産者余剰です。

　図 11-8 は，市場の消費者余剰と生産者余剰に色がつけられています。需要曲線と供給曲線に囲まれた面積に等しくなっています。

　図 11-8 で着色された面積は，消費者か生産者の余剰です。したがってこの面積が広い方が，社会にとって望ましいと考えることができます。完全競争市場では，総余剰は最大になっています。言い方を変えると，総余剰をさらに増やす余地は残されないほどに，市場の機能が十分に発揮されているのです。

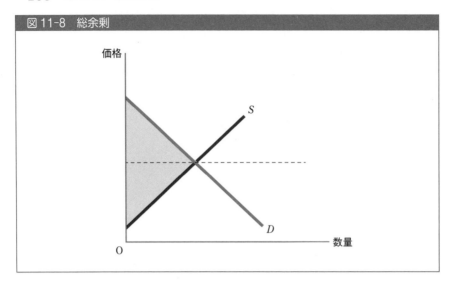

図 11-8 総余剰

問題 3　次の図には，市場需要曲線と市場供給曲線が描かれている。この図において，総余剰を答えなさい。

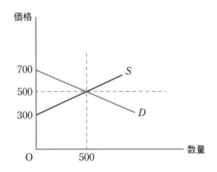

11.2 価格制約下の余剰分析

■ 価格制約下の総余剰

　仮に価格が均衡価格よりも低い価格に固定された場合は，制約がない場合と比較すると，総余剰は少なくなります。例えば，規制によって特定の財の価格に上限が課されている場合が該当します。

図 11-9　価格制約下の余剰分析

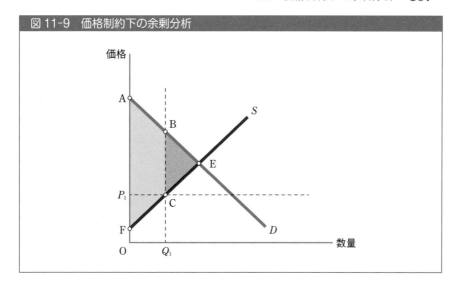

　図11-9 では価格が均衡価格よりも低く固定されています。価格 P_1 では，その価格と供給曲線の関係から，供給量は Q_1 と分かります。均衡状態よりも少ない量だけが市場に供給されているので，その量しか取引されません。

　消費者余剰は，需要曲線と価格線に囲まれた面積でした。ただし，この状況では取引量が少ないところで図形の右側が切れたような形であることに注意しましょう。図形 ABCP_1 です

　生産者余剰は価格線と供給曲線に囲まれた面積です。図形 P_1CF です。総余剰はこれらの合計ですから，図11-9 で薄い水色がついた面積です。図形 ABCF です。

　さて，先ほど導出した完全競争市場の均衡における総余剰と，こちらの価格が低い状況下における総余剰を比較すると，価格制約下の方では総余剰が少ないことが分かります。価格が低く抑えられている状況下では総余剰は減っているのです。図11-9 の濃い水色をつけた面積（図形 BCE）は，完全競争市場の均衡であれば誰かの余剰になっていたにもかかわらず，この状況では誰の余剰にもなっていません。これは，厚生の損失，あるいは死荷重

と呼ばれます。経済では取引を通じて財が分配されることが大事でしたが，この状況ではそのような市場の機能は最大限には発揮できていないのです。改めて完全競争市場では市場の機能が発揮されていることが分かります。

問題 4　次の設定の下で，消費者余剰，生産者余剰，そして総余剰を計算しなさい。

需要曲線　$D = -\dfrac{5}{2}P + 1750$

供給曲線　$S = \dfrac{5}{2}P - 750$

価格　$P = 400$

11.3　課税の余剰分析 ·······························

■ 従量税の総余剰

従量税が課された場合の総余剰を説明します。従量税は，一定の量に対して課税される税です。例えばガソリン税などが該当します。従量税が課されると，その税額が費用に対して上乗せされて取引されるため，図の中では供給曲線が上へシフトします。

図 11-10 には供給曲線と，それに税金が上乗せされた線が描かれています。青い矢印の長さ（文字 t で表します）が税額を表します。この状況では A 点の価格と取引量で取引が行われます。消費者余剰は，A 点を通る価格線を書き入れることで，その線と需要曲線に囲まれた図形の面積に等しくなっています。導出は先に示した方法と同じです。

次は，生産者余剰の導出です。A 点で実現する取引量を Q^* としますと，その量と供給曲線が交わる点は B 点です。B 点を通る価格 P_1 が，従量税の入らない価格です。

生産者余剰の導出は収入 − 費用でした。ただし，生産者が受け取るのは税金が入らない価格である P_1 です。収入を表す面積は，B 点を通る価格線までの高さと，Q^* の量までの四角形の面積に等しくなっています。費用は，

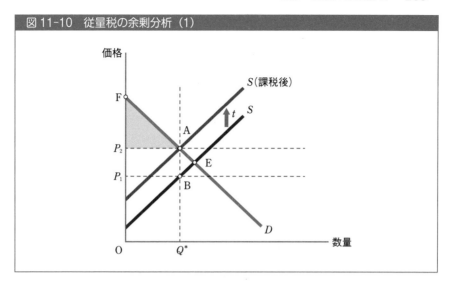

図 11-10　従量税の余剰分析（1）

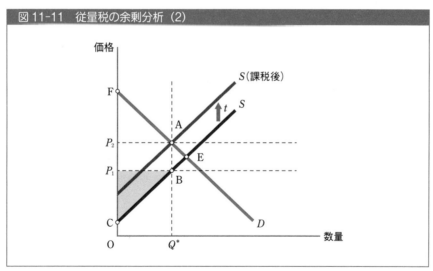

図 11-11　従量税の余剰分析（2）

限界費用曲線を表す供給曲線の下側の面積になります。これらの収入と費用
から生産者余剰を求めると，B 点を通る価格線と供給曲線に囲まれた面積に
等しくなります。図 11-11 で色をつけた面積です。

　最後に税収です。税金は国や地方等に収められた後に社会に還元されるの

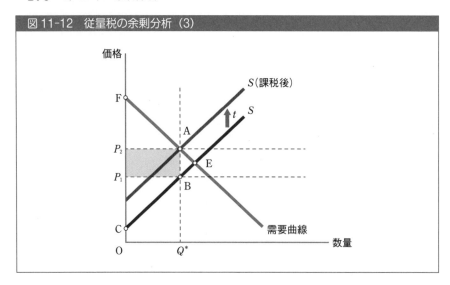

図11-12　従量税の余剰分析（3）

で，この分も総余剰に加えると考えます。ここで考えている従量税は，供給曲線の上に積みあがるように書かれていました。税収は，縦が税額，横が取引量である四角形の面積に等しくなります。図11-12で色をつけた面積です。

　総余剰を確認しましょう。消費者余剰，生産者余剰，そして税収を全て合計した金額です。図11-13で色がついている部分です。図形ABCFです。

　さて，ここで税金が課されていない場合の総余剰と比較すると，三角形ABEの面積の分だけが，誰の余剰にもなっていません。厚生の損失が発生しています。当然ですが税金には目的があり，政府の役割として税を集め，それを財源として社会にとって必要な財を供給しています。総余剰が低下すること一つをとって，単純化した結論を下すものではありません。ただ，市場の機能を余剰分析によって測ることによって，課税で価格が影響を受け，総余剰が少なくなる事実を受け止めることができます。そのことが市場および税の役割を考える材料になるでしょう。

図 11-13 従量税の余剰分析（4）

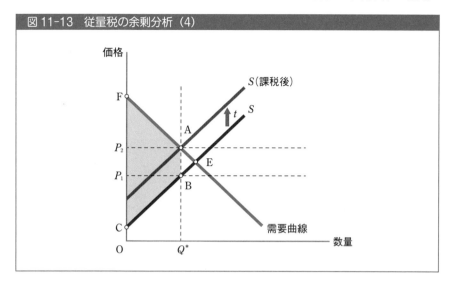

問題5　供給者側に支払い義務のある従量税が課されるとする。次の設定下で消費者余剰，生産者余剰，そして税収を計算しなさい。

需要曲線　$D = -2P + 2,600$

供給曲線　$S = P - 100$

税額　1単位あたり150円

章末問題

1. 完全競争市場において，次の需要曲線と供給曲線が与えられているとき，消費者余剰，生産者余剰，そして総余剰を計算しなさい。

$$D = -\frac{1}{4}P + 150, \quad S = \frac{1}{2}P - 150$$

2. 次の文の空欄を埋める言葉を答えなさい。
    消費者余剰と生産者余剰を合計した 　　(1)　　 は，完全競争市場の均衡において最大となる。もしも価格統制が行われると，それは最大ではない。減少分は専門用語で 　(2)　 と呼ばれる。

3. 供給者に支払い義務がある従量税が課されたときの余剰分析（図11-10〜図11-13）に関する説明として妥当な文を1つ選びなさい。
    (1) 課税がない場合と比較して，消費者余剰は増え，生産者余剰は減り，総余剰は減少する。
    (2) 課税がない場合と比較して，消費者余剰は減るが生産者余剰は増え，総余剰は減少する。
    (3) 課税がない場合と比較して，消費者余剰も生産者余剰も減り，総余剰が減少する。

4. 次の図は従量税が課された財について，需要曲線，供給曲線，そして供給曲線に従量税が加わった線が描かれている。この図の中から，税収を表す図形と，課税による厚生の損失を表す図形を，それぞれ答えなさい。

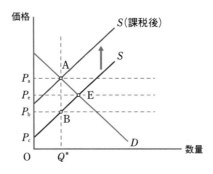

● 項末問題解答

問題1

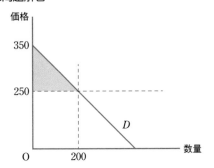

消費者余剰は上記の色がついた部分の面積として求めます。需要曲線の式を $P = \cdots$ に書き直すと切片は 350 です。また，需要曲線の式に $P = 250$ を代入することで，$P = 250$ に対する需要量は 200 個です。これらが分かれば，面積を求めればよく，答は 10,000 円です。

問題2　10,000 円

問題3　100,000 円

問題4　消費者余剰　62,500 円，生産者余剰　12,500 円，総余剰　75,000 円。

問題5　消費者余剰　122,500 円，生産者余剰　245,000 円，税収　105,000 円。

第12章 独 占

本章では独占について分析します。中でも売り手が1社である売り手独
占について，その市場での価格や生産量がどのように決定されるのかを見て
いきます。また，異なる市場で別の価格をつける価格差別について，価格の
メカニズムを学びます。さらに，独占市場の状況を余剰分析によって明らか
にします。

> キーワード　　独占，　独占企業，　複占，　寡占，　独占市場，　プライスメイカー，
> 限界費用，　限界収入，　独占度，　価格差別，　独占的競争市場

12.1 独占市場

■ 独占市場

独占は1社が市場を独り占めしている状態を表します。独占には，売り手
独占と買い手独占があります。売り手独占とは，市場に売り手が1社のみ存
在し，買い手は多数が存在しています。一方の買い手独占はその反対で，市
場に買い手が1社だけが存在し，売り手は多数いる状態です。

多くの場合，独占と言えば売り手独占を指します。本章は売り手独占につ
いて説明します。なお，市場を独占する企業を独占企業といいます。また，
関連する言葉として，複占は2社，寡占は少数の複数の企業が市場を支配し
ている状態です。

日本には独占禁止法があり，公正取引委員会がその運用を行っています[1]。
法律が存在するにもかかわらず独占について勉強する理由があるのかと疑問

---

[1]　正式には「私的独占の禁止及び公正取引の確保に関する法律」です。

を持つ方は少なくないようです。しかし，独占が禁止される理由を経済学的に明らかにすることには意味があります。ミクロ経済学の観点から見ると独占市場は市場がうまく機能しない，第2章で述べた市場の失敗の一つです。本章では不完全競争である状況を理解し，独占企業の行動から価格と取引量がどのように決まるのかを見ていきましょう。結論を先に言うと，独占市場では完全競争市場よりも高い価格で，少ない量が取引されます。また，なぜ独占が市場の失敗と言われるのか，余剰分析で明らかにします。

問題1 現実の社会では完全な独占の例は数少ないものの，インフラとなっている電気・ガス事業などのように高い固定費用が発生する産業では，新規参入が難しく，自然独占となることがある。そこでインフラのいくつかについて，参入している企業の数を調べなさい。

■ 独占企業はプライスメイカー

独占企業は市場の需要の全てを引き受けることが可能です。すなわち，需要曲線に沿って価格と生産量の両方を決めることができます。価格を決める力を持つ経済主体は，プライスメイカーと言われます。

需要者は，予算制約の下で効用最大化行動をとります。この点は，消費者行動の理論で勉強した通りです。図12-1には市場需要曲線が描かれています。売り手が1社だけの売り手独占市場では，その供給者が市場の需要を独り占めしています。そこで，仮に図中の価格 P_a であれば，需要曲線を読み解くと数量 Q_a を市場で売ることができます。また，価格を P_b へ高めるのであれば，数量を Q_b へ減らさなければ，売り切ることはできません。このように，独占企業は，市場における数量と価格が同時に変化する関係に沿って，価格と生産量の両方を調整します。それらの関係を使い，利潤最大化行動をとります。

なお，比較のために完全競争市場の生産者について説明します。完全競争市場で生産し供給する1つの企業は，価格を変えることはできません（第1章で述べたプライステイカーです）。完全競争市場では数多くの供給者がい

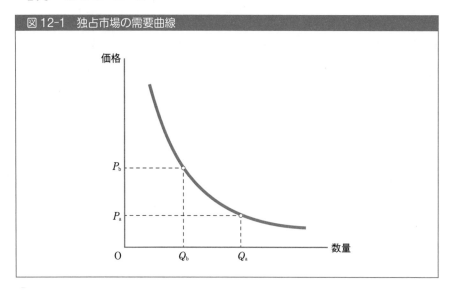

図 12-1　独占市場の需要曲線

るので，その企業が生産量を変えたところで，市場全体の生産量と比較する
と，小さいのです。このため，1社が生産量を変化させたとしても，価格は
変わりません。

　完全競争市場においては，総収入線は直線でしたが，独占市場においては
直線ではありません。需要曲線に沿って価格と数量が変化するので，価格が
高いと数量が少ないため，収入は少なくなります。反対に価格を下げたとす
ると数量が多くなるものの，価格が安いため，収入が少なくなります。この
ように価格と数量の関係によって，総収入線は直線ではありません。

　これを確認するため，仮に需要曲線が直線で，

$$D = -P + 500$$

のとき，総収入（価格×生産量）をグラフに表したのが，図 12-2 です。山
の形状となり，生産量 0 では当然のことながら収入はゼロですが，その後に
高まり，さらに生産量が増えると収入は減ります。

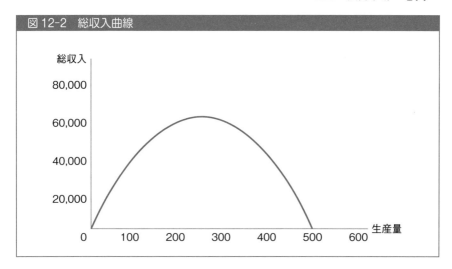

図 12-2 総収入曲線

問題 2 　独占企業の総収入に関する文の空欄に当てはまる言葉を答えなさい。

　総収入は価格× [　(1)　] である。独占企業が価格を変えると，同時に [　(1)　] が変化するため，総収入線は曲線になる。このようになる理由は，独占市場では [　(2)　] に沿って価格と [　(1)　] の両方が変化するからである。

■ 独占企業の利潤最大化行動

　独占企業は利潤最大化行動をとります。この意味において独占企業であっても競争市場の企業であっても同じです。なお，既に学習済みですが，利潤を最大にするには，限界費用と限界収入が一致する生産量にすればよいのでした。

　復習しておきます。仮に限界費用＞限界収入の関係であれば，生産量を 1 単位減らすことで，限界収入と同額の収入が減りますが，限界費用と同額の費用が浮くので，合わせると利潤が高くなります。利潤が高くなる余地があるので，この状況では利潤は最大ではありません。反対に，限界費用＜限界収入の関係であれば，生産量を 1 単位増やすことで，限界費用と同額の費用が増えるものの限界収入と同額の収入が増えるのですから，合計すると利潤

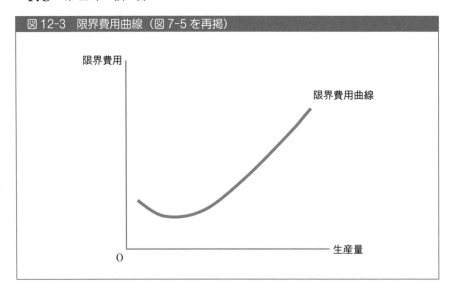

図12-3　限界費用曲線（図7-5を再掲）

が増えることになります。この状況も利潤を増やす余地があるのですから，利潤が最大にはなっていません。このように考えると限界費用＝限界収入の関係が成立するところでは，これ以上に利潤を高める余地がないので，利潤が最大であることが分かります。

　限界費用と限界収入のそれぞれについて確認しましょう。費用については企業の利潤最大化（第7章7.4）で学んだことを応用できます（図12-3）。独占企業であっても原材料や労働などを購入する際には1つの需要者にすぎないからです。

　続いて独占企業の限界収入です。まず，総収入は

　　　総収入＝価格×生産量

でした。この式から限界収入を考えてみましょう。限界収入とは生産量が1単位変化したときの総収入の変化額です。独占企業が生産量を変化させると，価格と数量の両方が変化します。

　仮に生産量を増やしたとして考えましょう。その財が市場に供給される量

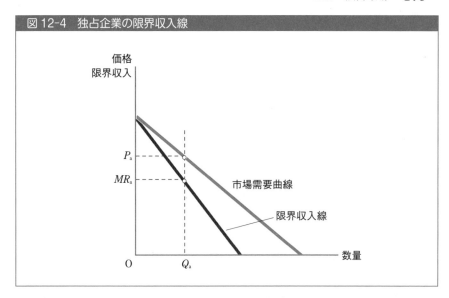

図 12-4 独占企業の限界収入線

が増えるのです。ところで需要者による需要曲線に現れる反応によると，生産量が増えると対応する価格は低下するはずです。

　限界収入を考えるには，生産量が 1 単位増えたときに，同時に価格が変化する効果を取り入れなければなりません。厳密には収入の式を生産量について微分を行いますが，ここでは結果を言葉で表すと

　　　　限界収入＝価格＋価格変化分×生産量

です。価格は需要曲線に沿って変化しますので，価格変化分はマイナスです。結局，右辺第 2 項はマイナスです。すると，限界収入＜価格，という関係が導かれます。独占市場では，限界収入は価格より低いのです。

　図 12-4 は，独占市場における市場需要曲線と独占企業の限界収入線が描かれています。限界収入は価格より低いので，限界収入線が下側に位置します。生産量が Q_a とすると，価格は，需要曲線より P_a です。一方，限界収入は，それより低い MR_a と書かれた高さです。

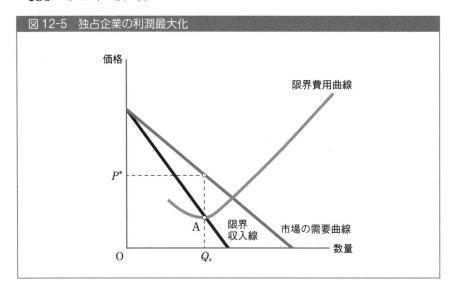

図12-5 独占企業の利潤最大化

問題3 独占企業が生産量を減らしたとき，価格は高くなる，安くなる，変わらない，のいずれになるか答えなさい。

■ 独占企業の利潤最大化

独占企業の利潤最大化行動により限界費用＝限界収入であり，限界収入は限界収入＜価格，であることが分かりました。これらの関係から，

限界費用＜価格

の関係が分かります。

図12-5のA点は限界費用（MC）＝限界収入（MR）となる点です。A点を実現する量 Q_a を生産することで，独占企業は利潤を最大にします。この量 Q_a と需要曲線の関係から，独占による価格は P^* であると分かります。これは独占価格と呼ばれます。

問題4 独占企業が利潤最大化行動をとるとき，次の条件の下で財の価格を求めなさい。ただし，P は価格，Q は数量とする。
需要曲線上の価格と数量の関係は $P = 100 - 2Q$

限界収入は $MR = 100 - 4Q$

限界費用は $MC = 2Q + 10$

■ 独占価格と需要の価格弾力性

限界収入（MR）は，市場価格（P）と需要の価格弾力性（e）によって，次の関係が知られています。

$$MR = \left(1 - \frac{1}{e}\right) P$$

ここで $e > 1$ であり，カッコ内は正の値です。また，$MR = MC$ です。したがって，需要の価格弾力性の値 e によって，

$$MC = \left(1 - \frac{1}{e}\right) P$$

です。完全競争市場であれば，$MC = P$ でしたが，独占市場であれば，この式のように，MC と P に差があります。仮に $e = 5$ であれば，$MC = \left(1 - \frac{1}{5}\right) P$ すなわち $MC \times 1.25 = P$ です。このように MC よりも価格は高くなります。仮に $e = 2$ であれば $MC = \left(1 - \frac{1}{2}\right) P$ すなわち $MC \times 2 = P$ です。このように需要の価格弾力性が低いほど（この2つの比較では需要の価格弾力性が2の方が），MC よりも価格が高くなります。なお，$\frac{1}{e}$ は独占度と呼ばれます。

この関係を利用した価格差別とは，同じ財を別の市場で異なる価格をつけることです。ここで言う差別は区別をする意味で使われています。

ある生産者による独占市場が2つあるとします。市場1と市場2と呼びましょう。例えば，物理的に離れた場所にある市場と考えてみるとよいでしょう。この生産者にとって限界費用はどちらの市場でも同じです。なぜなら，生産のための費用構造は共通だからです。しかし，市場が異なるのであれば，その市場にいる需要者が異なるのですから，需要曲線が異なります。上の数値例のように，需要の価格弾力性が相対的に低い市場では，高い価格がつけ

られることになります。

問題5 次の条件で，価格差別の2つの市場の独占度を答えなさい。
　需要の価格弾力性は，市場1では1.5，市場2では3とする。

12.2 独占市場の余剰分析 ·······················

■ 独占市場の余剰分析

　独占市場では，完全競争市場と比較して価格は高く，生産量は少ないことが分かりました。この状況では市場が効率的に資源配分を行うことができていません。独占市場では社会的余剰は，最大にはなっていません。

　売り手の1社が市場を独占していて，買い手は複数が市場にいる状況で，総余剰を考えます。図12-6には独占市場における需要曲線と供給曲線，そして限界収入線が描かれています。独占市場では限界収入線は必ず需要曲線よりも下に位置します。独占企業は利潤最大化行動として限界収入と限界費用が等しくなる量を生産します。独占企業の利潤最大化行動によって，限界収入線と供給曲線が交わる点 A を通る量が生産されます。この生産量 Q^* と需要曲線の関係から，市場では価格 P^* がつくことが分かります。

　消費者余剰は価格線と需要曲線に囲まれた面積に等しいです。財の消費に対する評価額と実際の支払額の差額です。図12-6で濃い水色の図形の面積です。

　生産者余剰は価格線と供給曲線に囲まれた面積に等しくなっています。ただし，生産量が Q^* ですから，台形になります。考え方はこれまでの導出と同じで，収入−費用となります。図12-6で淡い水色の図形の面積です。

　消費者余剰と生産者余剰を合わせた総余剰は，図12-6の水色全体の部分の面積と等しいです。図形 ABCF です。

　さて，独占市場において厚生の損失が発生していることを確認してくださ

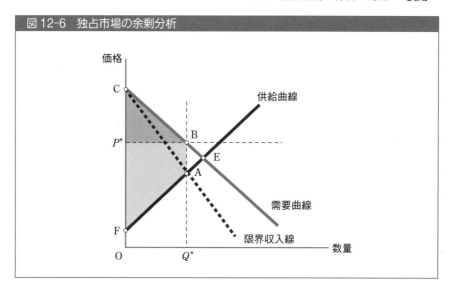

図12-6 独占市場の余剰分析

い。図中の三角形 ABE です。総余剰をさらに増やす余地があります。市場の機能が十分には発揮されず，独占は市場の失敗と言われるのです。

問題6 図12-6において，もしも E 点で取引が成立する場合と比較すると，独占市場では消費者余剰が少なくなっている。このことを図で確認しなさい。

12.3 独占市場の分析の応用 ·······················

■ 独占市場の分析の応用

独占の理論の応用，あるいは複占・寡占市場の例は現実にいくつかあります。問題1で示しましたが，固定費用が大きい市場では独占が発生することがあります。その一つには，電力の小売りがあります。かつては，各地域の電力会社による独占でした。ただし，現在では電力自由化として変化しつつあります。

価格差別の具体例の一つは，航空券です。航空券には，さまざまな価格設

定があります。クラスの違い，時期の違いなど，とても細かく設定されており，需要者側の価格弾力性の違いが反映されています。

　独占的競争市場とは，売り手は1社独占ではないものの，他者とは違いを明確にした財を生産することで，独占企業のように振る舞うことを指す言葉です。しばしば「製品の差別化」という表現が使われますが，ここで言う差別は違いを明確にすることです。他社の製品との違いが消費者に認識されれば，まるで独占企業のように，完全ではなくともいくらかは価格支配力を持つことになります。このように，独占について勉強したことから，現実の応用事例を見出すことができます。

問題7　需要の価格弾力性を応用して，同じ財を異なる価格で販売する事例は，身近にたくさんある。具体例を調べなさい。

章末問題

1. 次の文の空欄を埋める専門用語を答えなさい。

    独占市場には売り手独占市場と [(1)] がある。供給者が1社だけである売り手独占市場では，独占企業は，利潤最大化行動により，限界収入と [(2)] が等しくなる量を生産する。その結果，価格は高く，取引量は少なくなる。なお，独占の度合いを測る [(3)] は需要の価格弾力性の逆数である。

2. 独占企業が利潤最大化行動をとるとき，次の条件の下で財の価格を求めなさい。ただし，P は価格，Q は数量とする。

    需要曲線上の価格と数量の関係は $P = 500 - Q$

    限界収入は $MR = 500 - 2Q$

    限界費用は $MC = 4Q + 200$

3. ある独占市場の需要の価格弾力性が4とする。この独占企業の独占度を答えなさい。

4. 次の図は独占市場における需要曲線，供給曲線，限界収入線を描いている。なお，価格と数量を表す補助線を書き入れてある。この図の中で消費者余剰を示しなさい。

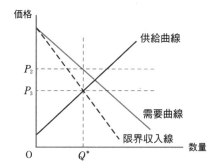

● 項末問題解答

問題1 略

問題2 (1) 生産量, (2) 需要曲線

問題3 高くなる

問題4 70円

問題5 市場1では $\frac{2}{3}$, 市場2では $\frac{1}{3}$。

問題6 次の図で着色した部分の面積だけ, 消費者余剰が少なくなっている。

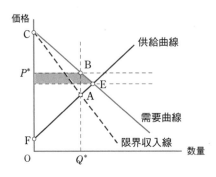

問題7 略

第13章 外部効果と情報の非対称性

本章は「市場の失敗」のうち，外部効果と情報の非対称性について説明します。具体的な問題点と，問題への対応方法を理解します。また，公共財についても，ここで扱います。

キーワード 外部効果，正の外部効果，負の外部効果，私的限界費用，社会的限界費用，ピグー税，公共財，非競合性，非排除性，情報の非対称性，逆選択問題，レモンの市場，保証，医療保険，モラル・ハザード，シグナリング効果

13.1 外部効果 ···································

■ 外部効果

外部効果とは，他者の行為が市場取引を経ずに影響を与えることを指す専門用語です。外部効果には正の外部効果と負の外部効果があります。正の外部効果は他者の経済活動がプラスの効果をもたらすものです。

負の外部効果は，経済活動によって，市場取引を経ずに他者に対してマイナスの効果をもたらすことです。負の外部効果の方が経済の中で問題となることがあり，特に断りなく「外部効果」という場合には，負の外部効果を指すことがほとんどです。なお，正の外部効果を外部経済，負の外部効果を外部不経済とも言います。

負の外部効果の代表的な例に環境汚染があります。ある工業製品の生産によって空気や水が汚されることが起こるとします。このとき，もしも環境汚染を考慮せずに財を自由に取引していると，その財の取引量は適正な量より

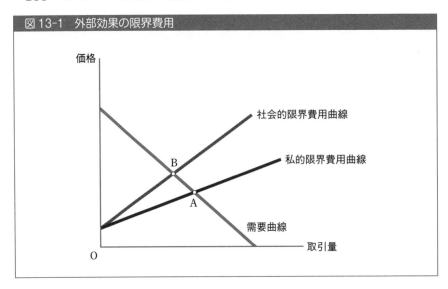

図 13-1 外部効果の限界費用

も多い状態になってしまいます。環境を汚すことの対価が支払われていないからです。負の外部効果が存在するとき，生産量が過大であること，また適正な量はどのように判断されるのかを見ていきます。

図 13-1 は負の外部効果が存在する場合の分析が描かれています。まず需要曲線は通常の需要曲線と同じで右下がりに描かれます。

私的限界費用曲線は，この財の生産にかかる限界費用を表しています。企業行動の分析では，供給曲線は限界費用曲線と一致することを勉強しました。図 13-1 の私的限界費用曲線はその線と同じですが，ここではもう一つの線と区別するために「私的」とつけられます。

社会的限界費用曲線とは，私的限界曲線に，負の外部効果で発生する限界費用を足したものです。環境汚染が発生するのであれば，その分の限界費用が追加的に発生します。

社会的限界費用を考慮に入れると，望ましいのは B 点で実現する取引です。しかし，これを考慮に入れずに市場取引を行うと，A 点が実現します。この 2 点の数量を比較すると，市場取引では取引量が多いことが分かります。

　例として工業製品による外部効果を見てみましょう。その財の生産に直接
かかる限界費用は私的限界費用曲線に描かれています。原材料としての素材
や，人件費等，様々な費用がかかります。また，私的限界費用曲線と需要曲
線の交点で実現するのは，その財の取引であり，市場取引を経由しています。
完全競争市場の仮定を満たすのであれば，A点で実現する取引は，これまで
に勉強した通りです。ところが，生産のために排出される汚染物質や，場合
によってはその財を消費する際に発生する汚染物質等，環境に負荷をかける
ものがあります。現代では様々な対処が行われていますが，もしも生産に
よって環境に対する負荷が発生するのであれば，限界費用を含めて社会的限
界費用を考慮すべきなのです。

　負の外部効果が存在する市場は，「市場の失敗」の一つです。市場の機能
が十分に発揮されて効率的である状況はB点であるにもかかわらず，市場
取引ではB点は実現せず，A点になります。また，余剰分析で詳しく説明
しますが，A点よりもB点の方が，総余剰が多くなることが示されます。

　負の外部効果の対処方法の一つには課税があります。この種の税を考案し
た研究者ピグー（A.C.Pigou）の名にちなんでピグー税と呼ばれます。

　図13-2は，課税でB点を実現する方法が描かれています。私的限界費用
曲線と，それに税を加えた線が描かれています。それら2本の線の差である
縦の長さは，課税額に等しいのです。ある財に課税をすると，その財を取引
する際には，その量に対して一定額が上乗せされるように示されます（従量
税として第10章で説明した考え方を応用します）。したがって，いわば供給
曲線を上側へシフトさせる効果があります。このような税の仕組みを使うこ
とで，B点が実現するようにします。課税によって，負の外部効果がある財
の取引量を少なく抑えて，市場の失敗を回避し，市場の機能を持たせようと
する方法です。

　なお，正の外部効果も，市場の失敗の一つです。正の外部効果を取り入れ
ることなく市場取引を行うと，（負の外部効果とは逆に）生産量が過少にな

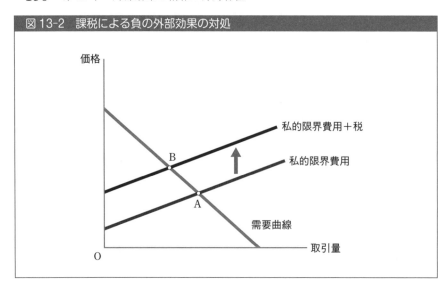

図 13-2 課税による負の外部効果の対処

ります。

問題 1 負の外部効果が存在する市場に関する説明として妥当な文を選択肢から 1 つ
選びなさい。
   (1) 市場取引では生産量が過大になるため，課税によって生産量を適量へ減らす。
   (2) 市場取引では生産にかかる費用が回収できないため，課税によってその費用
      を回収する。
   (3) 市場取引では環境への負荷を回避できないため，課税によって負荷をゼロに
      する。

■ 外部効果の余剰分析

　負の外部効果が存在する場合には，厚生の損失が発生します。負の外部効
果があるとき，その外部効果に対処せずに市場取引を行うことで市場の失敗
となっている場合の余剰分析と，ピグー税等の対処をした場合の余剰分析を
比較します。

　負の外部効果が存在しているにもかかわらず対処が行われていない場合，
市場ではその財の需給によって取引が行われます。取引による消費者余剰と

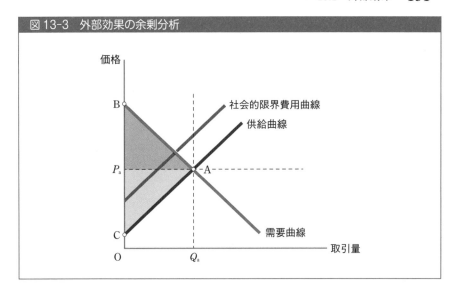

図 13-3　外部効果の余剰分析

生産者余剰の合計から，負の外部効果による評価を差し引きます。

　消費者余剰と生産者余剰は，これまでに勉強したことと同じです。需要曲線と供給曲線の交点で価格と取引量を，それぞれを P_a と Q_a とします。消費者余剰は，図 13-3 の A 点を通る価格線と需要曲線に囲まれた面積と等しく，図中の濃い水色がついている部分の面積になっています。生産者余剰は価格線と供給曲線に囲まれた面積に等しく，図中の淡い水色がついている部分の面積になっています。

　続いて，負の外部効果に対する評価を総余剰から差し引きます。負の外部効果は，社会的限界費用曲線と，私的限界費用を表す供給曲線の間に相当する金額が，取引量 Q_a に対して発生します。図 13-4 において，縦はその2本の線の間の長さ，横は Q_a とする図形の面積と等しくなります。図形 ACFG です。

　総余剰は，消費者余剰と生産者余剰の合計から，外部効果による費用を引きます。図 13-3 と図 13-4 の差です。図形が重なっている部分は差し引きゼロとなります。結果は，図 13-5 において，淡い水色の面積から濃い水色

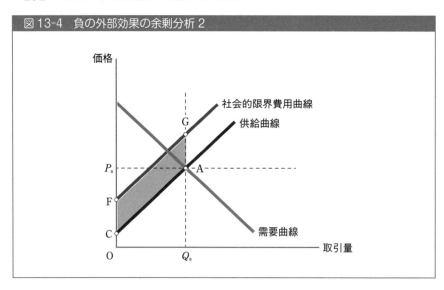

図 13-4　負の外部効果の余剰分析 2

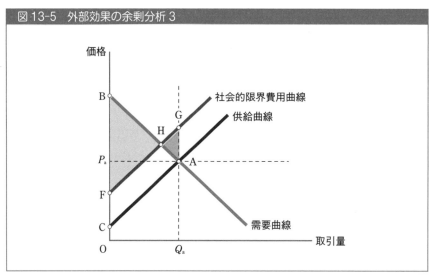

図 13-5　外部効果の余剰分析 3

の面積を引いた残りの面積に一致します。

　次に，負の外部効果があり，かつ生産量を調整できた場合を考えましょう。課税することで，社会的限界費用曲線と需要曲線の交点で取引量と価格を実現できるとします。図 13-6 では，この価格を P_b，取引量を Q_b としています。

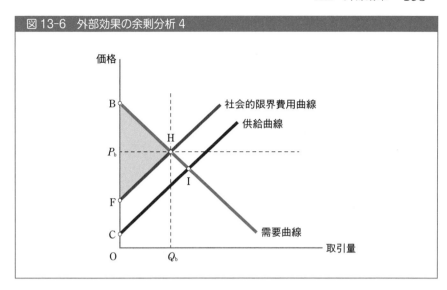

図 13-6 外部効果の余剰分析 4

価格

社会的限界費用曲線

供給曲線

B

H

P_b

I

F

C

需要曲線

O

Q_b

取引量

　消費者余剰は，$\mathrm{BH}P_b$ の三角形の面積，生産者余剰は $\mathrm{FH}P_b$ の面積になります。

　負の外部効果に対して課税するのであれば，負の外部効果としてマイナスになる部分を税収で埋め合わせると考えます。このため，総余剰は，結局のところ，図 13-6 における BFH の面積と等しくなります。

　外部不経済がある場合に，市場取引を行うことで取引量が望ましい量よりも多い場合と，課税により取引量を調整した場合の 2 つの総余剰を比較すると，後者の方が大きいことが分かります。前者の総余剰が少ない状況は，すなわち市場取引において対処せずに取引量が多い状況では，市場の機能が発揮されていない，いわゆる市場の失敗になっていることが示されています。また，後者の総余剰が多いことにより，税等によって生産量を調整することで望ましい状況を実現できることが示されています。

問題2 負の外部効果がある財の市場について，余剰分析に関する説明として妥当な文を，選択肢から1つ選びなさい。
(1) 負の外部効果に関わらず市場取引が社会的余剰を最大にする。
(2) 負の外部効果があるときには，課税によって取引量を適量にすることで，社会的余剰が増大する。
(3) 負の外部効果があるときの社会的余剰は，消費者余剰と生産者余剰を合計したものである。

13.2 公共財 ·······································

■ 公共財

公共財は，外部効果との関連が深いので，外部効果に続いて説明します。まず公共財の定義から話を始めましょう。経済学における公共財は，非競合性と非排除性を併せ持つ財です。公共財の一つである道路を例に考えましょう。国道や県道等を含む一般道を想定します。

非競合性とは，ある経済主体による消費が，別の経済主体の消費と競合しないことです。道路は，ひどい混雑でない限り，自分が通行することで，他者の通行を妨げることはありません。この意味で非競合性があります。

非排除性とは，対価の支払いがない人の消費を排除できないことです。道路であれば，有料道路を除けば，誰でも道路を通ることができますので，非排除性を持ちます。このように非競合性と非排除性の両方を併せ持つ財は純粋公共財と呼ばれます。道路の他に，公園や警察も公共財です。

非競合性と非排除性の一方の性質だけを持つ財もあります。例えば有料道路です。ひどい混雑ではない限り誰でも通ることができますから，非競合性を持ちます。しかし対価を支払わない車は通ることができません。すなわち，排除できますので，非排除性はないのです。

なお，比較のために私的財について考えてみましょう。例えばタマネギを

購入して使用すると，他の人は全く同じものを購入することはできません。すなわち競合性を持つのです。また，タマネギは，その対価を払わなければ消費できません。排除性を持ちます。

問題3 公園が公共財であることを確認しなさい。ただし，入園料を徴収する公園は除く。

■ 公共財の生産

公共財は，市場取引では供給量が少なくなります。このために，「市場の失敗」の一つとされます。そこで，公共部門が供給を担うのです。ここでも有料でない一般道路を例に考えてみましょう。

公共財は非競合性があるので，複数の人が同時に使用できます。利用者が得られる便益の合計が費用よりも高いのであれば，道路が建設されるでしょう。その費用は，皆で出し合うことになります。現実には税金で作られます。

ただし，費用負担をせずに財の便益を受けるフリーライダー（Free Rider）の存在が問題になります。公共財は非排除性があるため，フリーライダーが存在したとき，それを排除することが困難なのです。

公共財の市場需要曲線は，限界評価曲線として表現されます。公共財に対する，各個人の限界評価を表します。例えば一般道路であれば，各個人がそれに対する評価額があり，その評価額の合計が，供給側の限界費用を超えるのであれば，供給されます。

図の解釈ですが，図 13-7 のように，個人の限界評価曲線を上に向かって合計します。比較のために確認すると，私的財の市場需要曲線は，各需要者の個別需要曲線を横へ向かって合計しました。それとは考え方が異なります。

図 13-7 には公共財の限界評価曲線が描かれています。AとBはそれぞれ個人の限界評価曲線で，右下がりの曲線です。2人を合計したA＋Bは上方に描かれています。公共財は同時に使用できます（非競合性）。AさんとBさんが同時に使用する状況では，その数が多くなることはありません。2

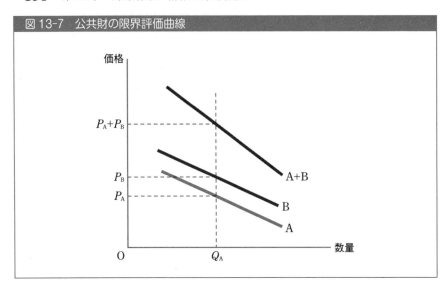

図 13-7 公共財の限界評価曲線

人が評価する金額を足し合わせるので,図の中では上へ向けて合計します。ここでは 2 人を例としましたが,同じ考え方で,その財を需要する全ての需要者の曲線を上へ向けて合計します。

　実際には,政府部門が,税金を財源として道路などの公共財を生産します。このように,公共財は,非競合性と非排除性を併せ持つために市場取引では供給が少なくなるので市場の失敗の一つになり,必要なだけ生産されるように政府部門が生産を担うのです。

問題 4　A と B の 2 人から成る社会と仮定し,各個人の公共財に対する限界評価が,次の表の通りに与えられていた。限界費用が 1,300 円であるとき,この公共財の最適供給量はいくつか,答えなさい。

	1個	2個	3個
A	700	600	500
B	800	700	600

13.3　情報の非対称性 ·······················

■ 逆選択問題

　本節では情報の非対称性が存在する市場では逆選択問題が起こり，取引が少なくなること，場合によっては取引が行われないことを説明します。

　第2章で述べたように情報の非対称性とは，経済主体間で入手できる情報量に違いがあることを指す専門用語です。なお，英語で Information Asymmetry です。非対称性の非を取り除いた「対称」の意味は，釣り合うことです。この言葉が使われる例は，人間の体は左右対称である，などがあります。

　情報が対称であれば，すなわち財に関する情報量が市場参加者の間で同じであればよいのです。完全競争市場で仮定されていた完全情報とは，そのような状況でした。すなわち，売り手と買い手の双方が持つ情報量が釣り合っている状況でした。

　しかし，情報が非対称では，情報量が釣り合っていないのです。情報の非対称性の一つは，ある財の情報について，供給者は多く保有しているものの，需要者はその一部しか入手できないことです。まずはこれについて勉強します。続いて，需要者の方が多くの情報を持っている事例も勉強します。

　情報の非対称性に関する代表的な研究であるアカロフの論文に即して，中古車市場を例に説明します。中古車市場の具体例から，情報の非対称性が存在する市場で逆選択問題が発生すること，そして取引が少なくなる，あるいは取引が行われない恐れさえあることを学んでいきましょう。ただし現在から約半世紀前に発表された論文です。現在とは取引の事情は異なることを前提としておきましょう。

　さて，問題提起は新車と中古車に価格差が存在する指摘で始まります。それが中古車になって間もないものであっても，価格差があるのです。

市場に出回っている車には，質の良いものもあれば悪いものもあります。中古車の供給者は，その車を所有しているうちにその財の質を知ることができます。すなわち財に関する情報を持ち合わせています。一方の需要者は，市場に出品されている個別の車の質に関する情報は，十分には入手できません。そのため，ある確率で質の悪い車を入手してしまいます。

質の良し悪しに関わらず，これらは同じ価格で取引されます。需要者は質の違いを判断できないのですから，価格を区別することができません。

質の違いに関わらず同じ価格で売買されているのであれば，質の悪い自動車の売り手はそれを市場で売り，代わりに質の良い車を入手しようとするでしょう。そうすると次第に市場には質の悪い自動車が残り，質の良い車がなくなっていきます。

この例のように，質の悪い財が市場に残ってしまう状況は，質の良い財が市場に残る状況とは逆になります。この状況は，逆選択問題（Adverse Selection）と言われます。また，質の悪い自動車を表す俗語「レモン」により，情報の非対称性がある市場はレモンの市場と言われます。

財の質に関する情報が非対称な市場では，取引が行われなくなる可能性があります。逆選択によって，市場に供給される財の質は，平均的に悪くなっていきます。需要者は，個別の財の質は分からなくとも質の平均を知ることができるのであれば，市場に供給される財の平均的な質が低下することに伴って，市場価格が低下していくでしょう。市場価格が低下することは，そこで売られている財の中に占める質の悪い財の割合が，高くなっていきます。需要者は，市場価格の低下を知ることで，そこから財の質の低さに気が付くのです。すると，価格が低下するにつれて一層，需要が少なくなるのです。

問題 5 情報の非対称性，逆選択問題あるいはレモンの市場に関する記述として妥当な文を選択肢から 1 つ選びなさい。

(1) 情報の非対称性とは，財に関する情報が，当事者間で偏在している状況を指す。

(2) 逆選択問題とは品質が高い財だけが市場に残ることを指す。

（3）　レモンの市場とは，市場に出荷後の時間の長短の差を指す。

■ 情報の非対称性への対応

　情報の非対称性がある市場は，市場の失敗と呼ばれるものの一つです。レモンの市場の例で見たように，この市場では取引が少なくなります。理想とする市場の機能は資源配分を十分に行い効率的であると考えると，情報が非対称である市場は，その機能を十分には発揮できないのです。したがって，対処が必要とされます。

　情報の非対称性への対処として，一つには保証をつけることです。耐久財では消費者に対して保証するものがあります。あるいは，第三者による評価も，情報を補うことにつながります。

　情報の非対称性は，例で示された中古自動車市場に限らず，様々な市場で見られます。現在の私たちの暮らしでは，確かにそれらの対処が進んでいるでしょう。保証は自動車や住宅，工業製品など幅広く行われています。

　アカロフの論文が書かれた時代から長い年月が経ちましたが，情報の非対称性の問題は現代でも続いています。私たちの身近な問題として，情報に関する分野は多く見られます。

問題６　情報の非対称性への対処として保証があげられる。身近な財について，保証がついている財を調べなさい。

■ 保険とモラル・ハザード

　アカロフの論文は，医療保険市場における情報の非対称性についても指摘しています。この論文は，65 歳以上は医療保険の購入が難しいことに触れて，なぜ価格はリスクに合うようにならないのかという疑問を呈しています。医療保険では価格が上がるにつれて，医療保険に申し込む人たちの平均的健康状態は低下していくこと，なぜなら医療保険の価格が高くても医療保険を必要とする人は，健康状態の良くない人たちであることを指摘しています。す

なわち，ここでも逆選択問題が起こるのです。なお，皆保険制度が整っている日本とは医療保険に関する状況が異なることを，前提としておきましょう。

　情報の非対称性の問題ですが，医療保険は，その購入者である個人の方が，販売者である保険会社よりも多くの情報を持っています。民間の医療保険に加入する際には健康状態等の申し出が必要となる場合が多いのですが，買い手側に多くの情報がある点で，自動車市場の例とは異なります。

　ところで，保険契約では，補償の存在のためにリスク回避への対応が安易になってしまうモラル・ハザードの問題が指摘されます。医療保険に加入していることで，健康管理を怠ることや，気軽に病院にかかり医療を受けることなど，保険契約で想定されたものとは異なる行動をしてしまうのです。例えば自分で対処できる程度のけがであれば，薬局で薬を購入して自分で手当てすればよいのですが，保険で支払われる金額次第では，病院で受診し保険を適用して薬をもらう人がいます。モラル・ハザードは自動車保険においても指摘されています。自動車保険では事故を起こした際の修理費が保険から支払われるため，雑な運転をしてしまうという指摘があります。

　モラル・ハザードを防ぐには，保険の契約内容について定期的に確認することがあるでしょう。また，発生する費用の一部を自己負担にすることも，対策の一つです。なお，日本では国民皆保険制度が整っていますが，年齢等に応じて一部の医療費を負担しています。

問題7　医療保険およびモラル・ハザードに関する説明として妥当な文を1つ選びなさい。
　(1)　保険契約における情報の非対称性は，保険を購入する個人の側に，健康に関わる情報の不足が生じる。
　(2)　モラル・ハザードの問題は保険市場だけで発生する特殊な問題である。
　(3)　モラル・ハザードの問題には，契約当事者が相手の行動の全ては把握できない，情報の非対称性がある。

■ シグナリング効果

　シグナリング効果とは，シグナルを発信することで情報の非対称性を補う作用のことです。

　学歴は労働市場におけるシグナルの一つであると指摘されています。まず労働市場での情報の非対称性を確認しておきましょう。労働市場は働くという行為を取引していますが，それを供給する労働者は自分の能力や仕事をする状況等の情報を多く持ち合わせている一方，労働力を買い入れる側（多くの場合は企業）は，個人の能力の情報を少なくしか入手できません。情報の非対称性がある市場では，情報を補うことが必要とされます。そこで，労働供給者側は，大学卒業という学歴や資格などのシグナルを発信することで，市場において取引が成立するように試みるのです。

問題8　大学新卒採用では，大学での授業履修歴や大学生として取り組んだことを聞く企業もある。こうした質問について，シグナリング効果の視点から考えをまとめなさい。

章末問題

1. 負の外部効果がある市場における余剰分析に関して説明した文章として妥当な文を1つ選びなさい。
   - (1) 完全競争市場と比較すると厚生の損失があり，市場の失敗と言われる。
   - (2) 市場取引では生産量が少なくなるため，対応が必要とされる。
   - (3) 消費者は質の悪い財を入手してしまう恐れがある。

2. 経済学における公共財の定義として，2つの性質がある。それらを答えなさい。

3. 情報の非対称性に関する説明として妥当な文を1つ選びなさい。
   - (1) 契約当事者間で，行動の全てを監視できないこと。
   - (2) 品質が劣る財が市場に残ること。
   - (3) 売り手と買い手の間で，財に関する情報量に差があること。

● 項末問題解答
問題1 (1)
問題2 (2)
問題3 略
問題4 2個
問題5 (1)
問題6 略
問題7 (3)
問題8 略

章末問題解答

■第 1 章
1. (1), (2), (3)
2. (3)
3. 略
4. (1)

■第 2 章
1. (3)
2. (1)
3. 200 円
4. 均衡価格は高く, 均衡取引量は少なくなる。

■第 3 章
1. (1) $180x + 300y = 15000$
   (2) 傾き -0.7, y 軸切片 50
2. 本文の通り。
3. B 点と C 点を比較すると, y 財は同じ量であるが x 財は C 点の方が多く, C 点の効用が高いと考えられる。しかし, A 点において 2 本の無差別曲線は同じ効用であるため, B 点と A 点が同じ効用水準であり, かつ C 点と A 点が同じ効用水準であると, B 点と C 点が同じ効用水準でなければならず, これは矛盾する結果である。

■第 4 章
1. D
2. B, 上級財
3. 代替財
4. 代替効果, 所得効果

■第 5 章

1. （1）個別需要曲線

   （2）合計

2. 2

3. 必需品

4. （1）

5. 上級財

6. 上級財

■第 6 章

1. A

2. 生産要素価格比

3. グラフ略。$X_2 = -1.25X_1 + 12.5$

4. 基数的

■第 7 章

1. （2）

2. （1）

3. 150 個

4. （1）総収入線

   （2）限界費用

   （3）生産量 Q_a において，問題（1）の答えである総収入線の傾きと図中（2）で表される接線の傾きが等しい。前者は価格，後者は限界費用と等しい。以上より，利潤最大化条件である価格＝限界費用を満たすため，この生産量 Q_a において利潤は最大である。

■第 8 章

1. 平均費用　1,000 円

   平均可変費用　800 円

2. （1）

3. （2），（3）

4. （1）A

   （2）B

（3）マイナス

■第9章

1. 均衡価格　800円

　　均衡取引量　300個

2.

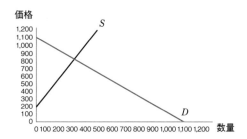

3. 価格が900円のとき，需要量は200個，供給量は350個。超過供給である。
4. （2），（3）

■第10章

1. 価格変化率が10％，需要変化率が－20％より，需要の価格弾力性は2である。
　　これが1よりも大きい財であるため，需要者側の支出額は減る。
2. 豊作により供給曲線が右へシフトしたのであれば，価格が低下し，取引量は増える。
　　需要の価格弾力性が1よりも小さいのであれば，需要側の支出額は減る。
3.

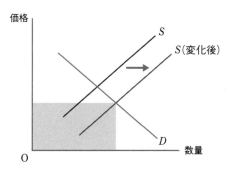

4. 均衡価格　2,100 円

　　均衡取引量　300 個

■第 11 章

1. 消費者余剰　5,000 円

　　生産者余剰　2,500 円

　　総余剰　7,500 円

2. （1）総余剰

　　（2）厚生の損失（または，死荷重）

3. （3）

4. 淡い水色の四角形が税収，濃い水色の三角形が厚生の損失を表す。

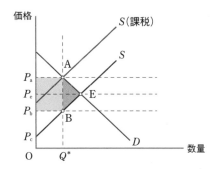

■第 12 章

1. （1）買い手独占市場

　　（2）限界費用

　　（3）独占度

2. 450 円

3. $\dfrac{1}{4}$

4. 図中の着色した部分の面積である。

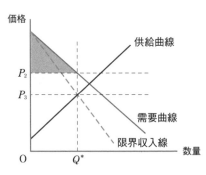

■第 13 章

1.　(1)

2.　非競合性，非排除性

3.　(3)

索　引

著者紹介

柴田　舞（しばた　まい）
1999年　東京都立大学経済学部卒業
2005年　東京都立大学大学院社会科学研究科経済政策専攻博士
　　　　課程修了，博士（経済学）取得
現　在　高千穂大学商学部教授，立教大学経営学部兼任講師
　　　　主要論文
宇野　淳，柴田　舞「取引の高速化と流動性へのインパクト：
　東証アローヘッドのケース」，現代ファイナンス，No.31，
　p.87-107，2012年3月。

初めて学ぶミクロ経済学

2023年1月25日© 　　　　　　初 版 発 行
2024年2月10日　　　　　　　初版第2刷発行

著　者　柴 田　　舞　　　　発行者　森 平 敏 孝
　　　　　　　　　　　　　　印刷者　加 藤 文 男

【発行】　　　　　　　**株式会社　新世社**
〒151-0051　東京都渋谷区千駄ヶ谷1丁目3番25号
編集☎(03)5474-8818(代)　　　サイエンスビル

【発売】　　　　　　　**株式会社　サイエンス社**
〒151-0051　東京都渋谷区千駄ヶ谷1丁目3番25号
営業☎(03)5474-8500(代)　　　振替00170-7-2387
FAX☎(03)5474-8900

印刷・製本　(株)加藤文明社
《検印省略》

ISBN978-4-88384-363-3
PRINTED IN JAPAN

サイエンス社・新世社のホームページのご案内
https://www.saiensu.co.jp
ご意見・ご要望は
shin@saiensu.co.jp まで．

グラフィック
ミクロ経済学
第2版

金谷貞男・吉田真理子　著
A5判／328頁／本体2,500円（税抜き）

「日本で一番やさしいミクロ経済学の教科書」として好評を博してきたベストセラーテキスト待望の第2版。「国際貿易」の章を新たに加え，部分的な構成の変更や説明の補足を行った。統計データのアップデイトを行い，ミクロ経済学の最新の話題にも言及した。また，一層の読みやすさに配慮し，装いも新たにした。2色刷。

【主要目次】

発行　新世社　　発売　サイエンス社

ライブラリ経済学コア・テキスト&最先端 3

コア・テキスト ミクロ経済学

多和田眞 著
A5判／296頁／本体2,400円（税抜き）

はじめて学ぶ読者を念頭に，ミクロ経済学を理解する際に躓きの石になる数学的知識を懇切丁寧にフォローし，これから経済学を学ぶ上で不可欠の考え方・解法が確実に身につくよう工大された恰好のテキスト・参考書。過不足のない標準的構成。読みやすい2色刷。

【主要目次】
ミクロ経済学を学ぶにあたって／消費者の行動／企業の行動／市場の均衡／不完全競争／市場の失敗／不確実性と情報の不完全性／ゲームの理論

発行　新世社　　発売　サイエンス社

読むミクロ経済学

井上義朗 著
A5判／296頁／本体2,300円（税抜き）

ミクロ経済学はどのような考え方や思想を持つ学問なのか。そしてミクロ経済学の基本的理論とはどのようなものなのか。読みながらじっくりと考えていき，ひと続きのストーリーとしてこれらがスムーズに理解できるようにつくられた新しいスタイルのテキスト。着実な理解に配慮して，節末・章末に問題を設け，数学的基礎について補論を加えた。2色刷。

【主要目次】
ミクロ経済学とは何か／消費者均衡の理論（1）―効用価値論の基礎―／消費者均衡の理論（2）―需要曲線はなぜ右下がりか―／経済学と微分法／生産者均衡の理論（1）―費用理論の基礎―／生産者均衡の理論（2）―供給曲線はなぜ右上がりか―／市場均衡の理論―完全競争と効率性―／余剰分析とその応用―市場の失敗と政策介入―／弾力性とその応用／不完全競争の理論―独占理論とゲーム理論―／無差別曲線分析（1）―序数的効用理論への発展―／無差別曲線分析（2）―再び，なぜ需要曲線は右下がりか―／無差別曲線分析（3）―所得効果と代替効果―／無差別曲線分析（4）―効率と公平―

発行 新世社　　発売 サイエンス社